GUSTAF *Szenen aus dem Seglerleben*

Wolfgang J. Krauss

Wolfgang J. Krauss

GUSTAF

Szenen aus dem Seglerleben

Verlag Delius, Klasing & Co
Bielefeld

2. Auflage

ISBN 3-7688-0285-X

Zeichnungen: Kurt Schmischke

Printed in Germany 1979
Gesamtherstellung: Wilhelm Röck, Weinsberg

Inhalt

Vorwort

Nach dem großen und andauernden Erfolg der in unserem Verlag erschienenen drei Bücher:
DIE SONDERBARE WELT DES SEGLERS GUSTAF
NEUE GESCHICHTEN VOM SEGLER GUSTAF
FREUD UND LEID DES SEGLERS GUSTAF
schien es für einige Zeit, als ob der skurrile Fahrensmann Gustaf sich aufs Altenteil begeben habe. Irrtum!
Obwohl wir zuerst nicht daran glauben wollten – aber Gustaf hat seinen Mund d o c h wieder aufgemacht. Er ist nicht nur etwas älter geworden (ob auch weiser, müssen seine Leser beurteilen) – nein, er bleckt jetzt mitunter auch ganz schön die Zähne, dort, wo die festgefügte Ordnung seiner Wasserwelt aus dem Ruder zu laufen droht. Ob Behörden, Prominenten oder den „Kollegen von der nassen Schot" – mit dem Charme einer Miesmuschel sagt er allen die Meinung. Obgleich er selbst ja wirklich nicht vollkommen ist.
Seit unsere Wassersport-Zeitschrift YACHT wieder mit dem Abdruck seiner Klokschietereien begonnen hat, wollen viele Leser wissen, ob Gustafs Geschichten biographisch oder gar autobiographisch zu deuten sind. Der Autor erklärt deshalb noch einmal feierlich, daß „sein" Gustaf weder in seiner eigenen Person noch in der eines seiner zahllosen Freunde existiert. Trotzdem sind die Geschichten wahr.
Die Küsten, Häfen und Clubhäuser sind nämlich voller Gustafs. Wolfgang J. Krauss hat ihnen aufs Maul geschaut, wenn sie von dem sprachen, was sie bewegte, freute oder ärgerte. Und er läßt seinen Gustaf so reden wie sie und das sagen, was sie denken. Mitunter mag sein Küsten-Esperanto für binnenländische Ohren etwas seltsam klingen. Aber Leute, die das Meer lieben, verstehen ihn dennoch und finden es leicht, sich mit ihm zu identifizieren. Und das erklärt wohl am besten die seit vielen Jahren andauernde Beliebtheit dieser kauzigen Symbolfigur.
Manche der hier veröffentlichten Geschichten erschienen bereits als Vorabdruck in der YACHT. Andere sind neu. Möge auch dieser Band die große Gemeinde treuer Gustaf-Freunde erfreuen, amüsieren – und vielleicht ein wenig nachdenklich machen. Eines allerdings sollte er nicht: zu ernst genommen werden. Denn Gustaf ist ein arges Schlitzohr, dessen oftmals recht hintergründige Polemik eher in das Reich der Valentins, Schweijks oder Ringelnätze gehört als an den Vorstandstisch eines altehrwürdigen Yachtclubs.

Der Verlag

Mit Schiffen reden

Gustaf hat immer schon so etwas geahnt. Auch sein Großvater behauptete es mit Sicherheit zu wissen: Schiffe haben eine Seele! Unnütz, darüber zu grübeln, was unsere Vorfahren dazu bewegte, ihren Schiffen oft mythologische Namen zu verleihen, sie mit Galionsfiguren zu schmücken, einen Klabautermann unter der damals noch „Bratspill" genannten Ankerwinde anzusiedeln und vom Wind (Freund aller Seeleute aber auch zugleich ihr ärgster Feind) nur mit äußerster Zurückhaltung zu sprechen.

Gustaf hat dazu seine eigene Meinung: Für *ihn* hat die Sindbad eine Seele. In hellen Mondnächten, bei einsamen Rudertörns oder wenn ihm mal im Großen Belt bei SW 7 die Hose flattert, spricht er zu ihr wie mit einem Menschen. Er macht das nicht laut, es ist mehr so eine geflüsterte Zwiesprache. Eine Zwiesprache? Ja, er glaubt fest, daß die Sindbad ihm antwortet.

Sie kann das, so meint er, weil sie aus Holz ist. Was heißt Holz – aus anderthalbzölliger kerniger Eiche ist sie und trotz ihrer 40 Jahre kerngesund und pottendicht. Und Holz ist für Gustaf nun mal etwas Lebendiges. Deshalb kann die Sindbad ja auch reden. Sie tut das nicht mit Worten, aber ihr Ächzen, Stöhnen, Quietschen und Knarren kann doch bloß bedeuten, daß sie damit etwas sagen will. Schade nur, daß die Menschen ihre Sprache nicht verstehen. Gustaf selbst ahnt allenfalls, was sie sagen will, aber er kennt sie ja auch schon sehr lange und behandelt sie mit großer Ehrfurcht. Er würde sie nie anschreien (wie er es mit Frieda häufig tut) und auch nicht „Scheißkahn" zu ihr sagen (oder denken), wenn er sich mal über sie ärgert. Das Äußerste ist ein mahnendes „Na, na", wenn im Seegang die Wende nicht richtig klappen will.

Für Gustaf ist die Welt damit in Ordnung: Holz ist Leben – und wo Leben ist, ist Seele. Darum mag er auch keine Schiffe aus Kunststoff. Mit anderen Leuten redet er nicht gern darüber, und schon gar nicht mit Frieda und Julchen. Nur Professor D., einem international bekannten Biologen von der Uni Kiel, hat er neulich seine tiefsten Gedanken offenbart, als sie mit ihren Booten nebeneinander in Möltenort lagen.

Da erzählte der Professor ihm eine tolle Story, nämlich daß wahrscheinlich jegliche Art von Materie beseelt sei, also auch Stahl, Steine, Pflanzen und Erde. Vielleicht sogar das Wasser, aber so weit seien die Forscher noch nicht. Bisher haben sie aber exakt beweisen können, daß Pflanzen auf schlechte Behandlung mit Angst und Erregung reagieren. Sie haben Philodendronpflanzen an feine Meßgeräte angeschlossen und die Kurven der Erregungsabläufe aufgezeichnet, die entstehen, wenn man der Pflanze mit einem brennenden Feuerzeug zu nahe kommt. Es ist wie

ein Schrei, sagt der Professsor, und die Pflanze erkennt auch den Menschen wieder, der sie mal verbrannt hat oder ihre Blätter beschädigte. Amerikas berühmtester Lügendetektor-Experte, Backster oder so, hat schon vor 50 Jahren entdeckt, daß die an Pflanzen angeschlossenen Galvanometer hochzackige Angstkurven bereits dann aufzeichneten, wenn der Kerl, der ihnen früher mal wehgetan hatte, ins Zimmer trat. Dafür schnurrte das Gerät vor Freude wie eine Katze und malte lauter kleine Wonnekringel auf den Streifen, wenn ihr Pfleger ins Zimmer kam. Toll, so'ne Pflanze, fast nicht zu glauben.

Gustaf denkt dabei an seine SINDBAD und findet das gar nicht so sonderbar: Holz ist schließlich auch Teil einer Pflanze. Aber da

erzählt der Professor ihm, daß russische und indische Forscher längst auch schon Erregungskurven von Steinen, Kristallen und Stahl aufgezeichnet haben – ja, sogar mittels Funkwellen über weite Strecken. Psychophysik nennt die Wissenschaft das, was soviel bedeutet wie die Lehre von den beseelten Stoffen. Man will damit der künstlichen Trennung von Materie und Seele ein Ende bereiten, also just das, was Gustaf mit seiner SINDBAD immer schon gemacht hat. Nur nicht so wissenschaftlich. Echt neu ist für ihn dabei nur, daß das jetzt auch mit Heinis dickem Eisenpott möglich sein soll, ja – vielleicht sogar mit den spröden, unpersönlichen Plastikdampfern, denen Gustaf bisher ohne Zögern jegliche Seele abgesprochen hat.
Mannomann, ob man dann vielleicht auch mal mit einem *Motorboot* sprechen kann? Nicht auszumalen! Nee, so weit mag Gustaf nicht denken. Plastik ist schon schlimm genug. Für heute langt es ihm. Und er hängt zu den zwei Fendern noch einen dritten außenbords und streichelt beim Vonbordgehen liebevoll SINDBADS Mast.
Vielleicht freut sie sich darüber. Schiffe sind ja auch nur Menschen!

Das Buddelschiff

„Vati, bauste mir zum Geburtstag 'n Buddelschipp?" fragt Julchen. – Gustaf denkt, ihn streift ein Bus: Wat will die Deern? Die ischa woll mall. „Nee", sagt er, „keen Tied för so'n Quatsch!"
„Also Vati, sag bloß, du traust dich nicht . . ."
Das saß! Eher könnte man eine Ordensschwester zum Striptease überreden, als von Gustaf erwarten, daß er zugibt, etwas nicht zu können.
Am Sonntag ist er im Besitz eines schlauen Buches, wo drinsteht, wie man ein Buddelschiff baut. Und er hat eine Menge Fichtenholz, Kitt, Lötkolben, Haken, Ösen, Bohrer, Zangen, Garn, Pinsel und Farbtuben vor sich aufgebaut sowie eine tolle Dry-Gin-Buddel (leer). Der Rest scheint einfach.
„Was für eins bauste mir denn?" fragte Julchen. „Etwa unsere SINDBAD?"
Gustaf ist die lütte SINDBAD viel zu simpel.
„Nee", sagt er, „so 'ne Art PASSAT!"
„ Mönsch Vati, schaffste das denn auch?"
„Sei still, Deern, ick mutt mi konschentreeren."
Mann, wie der Skipper rangeht! Sieben

Stunden ist er wie weggetaucht. Und abends schließt er seine Kammer dicht, niemand soll sehen, wie weit er ist. Am nächsten Wochenende geht's weiter. Und so viele Wochen lang.
„Na", sagt Julchen, „was macht denn meine PASSAT?"
„Muul holln, nich fragen – abwarten!"
Insgeheim wundern sich die Weiber bannig, warum das so lange dauert. Aber sie sagen nix. Sie ahnen ja auch nichts von dem komplizierten Geburtsakt in Gustafs Kammer.
Die Vorbereitungen gingen dem Skipper noch ganz gut von der Hand. Aber dann! Das Buch kommt ihm mehr und mehr chinesisch vor. Und eine Viermastbark ist auch nicht drin beschrieben. Hätte er doch bloß statt der Ginbuddel einen Demijohn (Korbflasche) genommen! Er bringt das ganze Getüdel eines Rahseglers in der kleinen Flasche partout nicht unter. Und was so 'ne Bark für einen Haufen Leinen hat! Gustafs dicke Pfoten versuchen vergeblich, alles laufende und stehende Gut so anzuschlagen, daß es beim Hochklappen der Masten nicht unklar kommt. Seine Finger sind voller Klebstoff; alles backt fest. Zum Schluß bricht die Kreuzobermarsrah in der Mitte durch; der Napf mit angerührter Gelatine kippt um, und alles ist in Dutt. Da schmeißt er den ganzen Krempel in einen Schuhkarton und verstaut ihn sicher unterm Bett. Am nächsten

Tag hat er dringend in der Stadt zu tun. Julchen bekommt zum Geburtstag ihr Buddelschiff. Es ist bestimmt das schönste aller Buddelschiffe, und sie bedankt sich herzlich. Aber irgendwie kommt es ihr merkwürdig bekannt vor. Ihr ist, als habe sie es schon mal bei Spielzeug-Müller am Rathausmarkt im Fenster gesehen. Aber sie kann sich auch irren. Für *sie* ist Vati immer noch der Größte. Ob Frieda wohl auch so denkt? Sagen tut sie jedenfalls nix.
Merke: *Only heaven is perfect!* (Rich. Bach: „Die Möwe Jonathan“)

Mutterfreuden

Nach Svendborg geht Gustaf nicht gern. Dafür um so lieber zwei Seemeilen ostwärts an die Brücken von Troense, wo man so einen schönen Blick auf den Svendborg Sund hat. Da die Brücken meistens überfüllt sind, pflegt Gustaf dort schon am Vormittag festzumachen, wenn die anderen ihre Leinen loswerfen und der große Aufbruch beginnt. Jetzt werden viele Plätze frei, und er kann sich in Ruhe den schönsten aussuchen.
Gustaf und Julchen binden die Sindbad an, mit Heckanker achteraus und dem Klüverbaum als Landgang. Frieda schält derweilen Kartoffeln. Gustaf schießt die Fallen auf, während Julchen die Sonnenpersenning überm Großbaum festzurrt. Frieda klappert unter Deck mit Pött und Pann. Der Kocher heizt ihr ganz schön ein. Was Wunder, daß ihr Gesicht die Farbe der Tomatensoße annimmt, die sie gerade anrührt. Na, wird schon nicht so schlimm sein. Immer noch besser als barfuß im Regen, meint Gustaf, der an Deck sein Pfeifchen schmökt.
Die Rollenverteilung auf der Sindbad hat sich eigentlich seit Jahren nicht geändert: Der Skipper wirkt achtern am Ruder, Julchen vorm Mast und Frieda in der Kombüse. Gustaf und seinem Töchting bedeutet das Segeln Abwechslung gegenüber dem täglichen Einerlei von Beruf und Schule. Von Frieda nehmen sie als selbstverständlich an, daß sie über die Kombüsenarbeit genauso denkt. Allerdings – gefragt haben sie sie noch nie danach. Aber es wird schon so sein.
Wie soll denn die Arbeitsteilung auch sonst aussehen? Einer muß nun mal unter Deck für die anderen da sein. Unterwegs, beim Segeln, hat Frieda ohnehin nichts zu tun. Meint Gustaf. Wobei er vergißt, daß er, kaum daß er sich die Pinne unter den Arm geklemmt hat, seinem Kahnweib schon die

ersten Aufträge erteilt: Hast du mal 'ne Mug Kaffee? – Rasch 'ne Brasil, aber angezündet . . . halt, Mensch, doch nicht am falschen Ende! – Wo ist meine Sonnenbrille? – Lang doch mal den Pullover raus! Nein, nicht den blauen, den mit dem weißen Rand! – Wie wär's mit 'ner Schnitte Brot? Bäh Wurst! Warum kein Käse? – Komma einer fix ans Ruder, Vater muß mal! – Na und so weiter.

Nicht daß Frieda sich etwa beklagt hätte. Nö, wieso auch, die kennt es ja nicht anders. Warum sollte man auch etwas ändern, das immer so gemacht wurde? Natürlich hätte sie es gern, wenn Julchen ihr ab und zu ein wenig zur Hand ginge. Aber sie sieht ein, daß das Kind sich an Bord von der Schule ausruhen muß. Die Lütte ist ja auch noch so zart, und Gustaf beschäftigt sie an Deck zur Genüge. Nein, meint Frieda, das ist schon so in Ordnung. Wenn man nur ihre Arbeit unter Deck – das Kochen, Saubermachen, Bettenbauen, Auf- und Abbacken – ein wenig anerkennen würde! Doch die Hauptsache ist schließlich, daß der Käptn und sein Moses sich wohlfühlen. Da schluckt man gern mal was runter. Frauenlos!

So versammelt sich die Crew zur Mittagszeit um die Back, wo Frieda ihren Lieben zuerst Spargelcremesuppe (aus der Tüte) auftischt, danach Speckknödel in Tomatensoße und das ganze Menü sodann mit einem exzellenten Kirschpudding abrundet. Nichts Besonderes, aber an Bord, mit dem zweiflammigen Kocher in der winzigen Pantry, da geht es eben nicht besser. „Na", fragt sie, „hat es euch geschmeckt?" – „Klar", sagt Julchen, „sonst hätten wir schon was gesagt." Und Gustaf brummt: „Büschen fest die Klopse. Hast du noch 'n Buddel Bier?" Soweit ist alles wie sonst. Niemand kann ahnen, daß Frieda wenige Minuten später ein heulendes Häufchen Elend sein wird. Aber das kam so: Gustaf schlürfte sein Bier, und Julchen hatte sich mit einem Schmöker in die Koje verholt. Frieda backte geräuschvoll das Geschirr ab. Da sagte Gustaf: „Kannste das nicht etwas leiser machen?" – Frieda schluckte, aber schwieg. – Da quarrte Julchen aus der Koje: „. . . . und mein T-Shirt haste mir auch nicht ausgewaschen!"

Darauf reagierte Frieda mit einmal unerwartet sauer. „Mein Gott" rief sie, „ich hocke hier stundenlang unter Deck und wische, putze, koche, brate, spüle, räume aus und krame ein, und niemand hilft mir dabei. Und jetzt obendrein noch euer Gemecker!"

Gustaf und Julchen waren verblüfft. Was hatte sie nur? Sie war doch sonst nicht so. Warum schuftete sie denn so viel? Sie dachten, es mache ihr Spaß. „Laß doch den Kram bis zum Abend liegen", sagte Gustaf besänftigend (wie er meinte). Und Julchen sekundierte ihm: „Kannste denn nicht wenigstens im Urlaub mal was anderes machen als zu Hause?"

Ja, und da ist es eben passiert. Friedas Tränen fließen reichlich, und Vater und Tochter überschlagen sich plötzlich in Verständnis und Liebe. Julchen verspricht, morgens ihre Koje selbst zu bauen. Und Vatis Koje eventuell gleich mit. Und der Skipper will sogar jeden zweiten Tag das Kochen übernehmen und ab und zu mal auch das Abbacken (igitt – ihm wird schlecht, wenn er daran denkt).

Aber es hilft nichts. Frieda bleibt traurig. Erst als sie nachmittags gemeinsam einen Spaziergang zum Valdemars-Schloß machen und Gustaf auf dem Rückweg ein großes Eis spendiert, hat sie sich halbwegs gefangen. Und zum Abendessen ist sie schon wieder so weit besänftigt, daß sie geräucherte Makrelen einkauft und ihrer Crew eine große Schüssel mit gemischtem Salat vorsetzt. Julchen hilft ihr (unaufgefordert!) beim Abbacken. Und Gustaf leert sogar seinen Aschenbecher selbst. Na bitte!

Am nächsten Morgen legen sie zeitig ab, denn sie wollen bis Kerteminde durchschippern. Das Frühstück wird hastig runtergeschlungen, dann machen Gustaf und Julchen die SINDBAD segelklar. Um Frieda können sie sich dabei nicht kümmern. Keine Zeit.

Erst als sie Thurö hinter sich gelassen haben und es Gustaf und seinen Moses in der frischen Morgenluft fröstelt, fällt sie ihnen wieder ein: „Wie wärs mit 'ner heißen Mug Kaffee, Mutter? Aber nicht so dünn wie vorhin!"

Der Kaffee erscheint an Deck, dazu die Pullover – der mit dem weißen Rand für Gustaf und der grüne für Julchen. Ein wenig später folgt die Brasil – am richtigen Ende angezündet. Und querab von Dagelökke auch die Käsebrote. Es ist alles wie früher.

Nein, doch nicht ganz. Etwas hat sich geändert: Sie haben „danke" gesagt.

Ägirs Steingarten

Eigentlich hatte Gustaf seine Lieben durch den Götakanal schippern wollen. Aber als Frieda von den vielen Schleusen hörte, winkte sie ab: Bloß das nicht! So ging die SINDBAD diesmal von Göteborg aus nordwärts in den westschwedischen Schärengarten. Gustaf fiel dieser Entschluß ziemlich leicht, denn er wollte die schöne Kartenleier ausprobieren, die Heini letzten Sommer ausgemustert und ihm generös vermacht hatte. Was eine Kartenleier ist? Nun, das ist ein Holzkasten mit Glasscheibe und zwei Drehknöpfen. In ihm kann man die zu einem langen Band panoramaartig aneinandergeklebten Seekartenausschnitte wie in einem Filmbetrachter abrollen. Ein tolles Ding, an Schwedens Küsten sehr beliebt. Funktioniert prima, solange man den Generalkurs beibehält.

Gustafs Leierkasten enthielt das Schärengebiet von Lysekil bis Strömstad – das war just, was er für seinen Törn brauchte. Was Gustaf indes nicht wußte und was Heini vergessen (?) hatte, ihm zu verklaren, waren

die unterschiedlichen Maßstäbe einiger Kartenteile. Für ortskundige Schweden kein Problem. Für Gustaf eine mittlere Katastrophe, wie sich bald zeigen sollte.
Binnenwärts bis Marstrand und durch den Hake- und Havstensfjord nach Uddevalla kamen sie mit den normalen Seekarten noch ganz gut. Auch die versteckte Einfahrt zum Kärlinge Sund und den Badeort Lysekil am Gullmarfjord fand der pfiffige Gustaf. Aber dann, außen herum, auf dem Weg nach Smögen, da passierte es: Da navigierte Gustaf mit der Kartenleier.
Da wechselte der Kartenmaßstab unbemerkt von 1:2 000 auf 1:10 000, und aus war's mit seinem Seglerlatein. Etwa querab der Insel Körnö hatte er völlig die Orientierung verloren. Die Farbmarkierungen auf den Felsbuckeln waren verschwunden. Nichts als gleichförmige Mammutrücken ringsum. Keine Peilung anzubringen. Und die Bootshakenlotung ergab vorn und achtern 60 cm.
Gottlob war die See glatt. Gustaf nahm das Zeug weg, aber auch der Motor nützte ihm jetzt nichts: dicht neben und unter ihm in der grünblauen Tiefe nur drohende Steinkuppen, die von Tangbüscheln umfächelten Medusenhäuptern glichen.
„Ich will umdrehen!" schrie Frieda hysterisch. Und auch Julchen meckerte: „Ümmer diese doofen Experimente! Warum biste nicht geradeaus gefahren, Vati?"
Dem Skipper trat der kalte Schweiß auf die Stirn.
Da machte es von fern: bött . . . bött . . . bött . . . Es klang wie ein Fischerboot. Aber wo? Zu sehen war nichts. Das bött . . .

bött . . . wurde lauter. „Daaa!“ schrie Julchen und zeigte nach Steuerbord. Richtig – hinter einem kleinen birkenbestandenen Schärenbuckel kam ein offenes Fischerboot hervor und tuckerte knapp 500 Meter entfernt nordwärts.

Das war die Rettung! Julchen blies das Nebelhorn, so laut sie konnte. Gustaf schoß zur Sicherheit einmal Rot. Jetzt kam der Fischer schnurstracks auf sie zu, zackte vor ihnen ein paarmal um die Unterwasserfelsen und näherte sich auf Rufweite. Man war sich rasch handelseinig: Schnaps gegen Lotsendienste – das alte Rezept wirkte immer. Es dauerte keine fünf Minuten, und die SINDBAD war aus Ägirs Steingarten herausgelotst und schwamm wieder im Fahrwasser, wo man die Farbklekse auf den Steinen sah.

Gustaf kramte seine alte, vergilbte Seekarte Nr. 753 aus dem Schapp, peilte sich kurz ein und navigierte bis Smögen (und auch später bis Strömstad) nach der bewährten Stecknadelmethode, bei der er jede passierte Schäre mit der Nadel auf der Karte absteckte. Als er die Ansteuerung von Smögen in der Tasche hatte, war sein Selbstgefühl wieder restauriert. Nur Frieda fragte schnippisch, ob er auch ganz sicher sei, daß es Smögen war. Nachdem sie angelegt hatten, fragte Julchen plötzlich: „Vati, wo haste den Leierkasten eigentlich gelassen?”

Ach ja, der Kasten, der verdammte, der lag irgendwo bei den Fendern. *Der* hatte an allem schuld, nicht der Schipper!

In Strömstad schenkte er das Ding einer schwedischen Jugendgruppe, die mit einem Kutter unterwegs war. Die Jungs waren hellbegeistert und feierten Gustaf als echten Mäzen. So hatte die dämliche Kartenleier doch noch Gutes bewirkt.

Aber dem Heini würde er zu Hause kräftig in den Hintern treten. Ihm so was zu schenken! Wat'n Quatsch!

Kaninchen-Lars

Gustaf kannte Kaninka-Lars schon, als ihm aus dem Geäse noch die beiden gelben Schneidezähne ragten, denen er seinen Spitznamen verdankte. Zwar erinnerten seine Zahnrudimente mittlerweile mehr an die walisische Thingstätte Stonehenge, aber es war bei dem Spitznamen geblieben, unter dem ihn alle Yachties rund um Langeland kannten. Er war ein an Land hängengebliebener Matrose, hauste in Lohals dicht am Hafen in einer roten Holzbude und sah aus, als sei er einem Skizzenbuch Tomi Ungerers entsprungen. Lohals war ohne Kaninka-Lars undenkbar, und viele steuerten nur sei-

netwegen durch das enge Smörstakke Löb den versandeten kleinen Fischerhafen an.
Die Skipper liebten ihn wegen seiner herrlichen Döntjes von der unchristlichen Seefahrt und seinen verblichenen Gattinnen. Angeblich hatte er insgesamt drei dieser Damen überlebt, aber er erzählte die Geschichten jedesmal anders. Ein Grund für Frieda, ihn ein widerliches altes Schladdermaul zu nennen und Gustaf den Umgang mit ihm aus moralischen Gründen zu untersagen. Als ob der Skipper sich etwas verbieten ließe! Er nahm einfach Julchen an die Hand und ging mit ihr spazieren – am Strand –, solange Frieda das Mittagessen bereitete. Julchen hatte auf diese Weise auch etwas von den herrrlichen Geschichten; es war gut, das Kind frühzeitig auf die Realitäten des Lebens vorzubereiten. Nur durfte Frieda nichts davon erfahren.
Lars erzählte: Von den Neufundlands, wo sie vor 50 Jahren Schiffbruch erlitten. Von Amalie, seiner Ersten, deren explosiver Redefluß ihn überhaupt erst auf See getrieben hatte. Mann, wat konnte die quasseln – die quatschte beim Essen sogar noch durch die Löcher der Makkaroni. Und dann der Krieg! Das war eine wilde Zeit – da fuhren sie nachts Emigranten nach Schweden, gegen Schmuck, Gold, Dollars und manchmal auch umsonst. Lars war überall dabei.
Damals war er mit Mary verheiratet, einer Irin. Leute – was für ein Weib! Rote Haare, negativer Sturz in den Beinen und *solche* Brüste! Lars spreizte dabei die Arme wie ein Angler, der seinen größten Hecht be-

schreibt. Ja, und Mary sagte immer: *Ein* Mann im Bett ist besser als *zwei* Männer in der Kneipe! So war sie. Bloß ihre Lügerei, die war grausam. Die Person log so kompliziert, daß man nicht mal das *Gegenteil* von dem glauben konnte, was sie sagte. Sie starb früh. Lars sagte, am Suff. Kinder waren keine gekommen. Die hatte er erst mit Paula, einer Deutschen.

Aber vorher wurde er noch mit der BLACK PRINCE in die Luft geblasen, als sie bei den Lofoten eine vergessene Treibmine übermangelten. Ein Jahr lang lag er in Narvik im Siechenhaus, dann lernte er in Kiel Paula kennen. Das war seine Beste. Nur war sie ein Putzteufel wie alle deutschen Weiber und verdammt geizig. „Lars", hatte sie immer gesagt, „der Pfennig ist die Seele der Milliarde". Bei ihr mußte er sich täglich den Hals waschen und sonntags sogar überall. Und das Priemen und das Schlafen im Unterzeug gewöhnte sie ihm auch ab. Brrh! Er schüttelte sich noch heute, wenn er an die Zeit dachte. Aber aller Geiz und alle Sauberkeit hatten ihr nichts genützt: Sie starb an der Schwindsucht, als er im Nordmeer fischte. Die Kinder gingen auch früh aus dem Haus. Weiß Gott, wo sie jetzt waren. Und so lebte er eben seit Jahren wieder allein.

Was für ein pralles Leben, findet Gustaf, und beneidet Kaninka-Lars insgeheim.

Beim Essen verplappert sich Julchen und fragt mit einmal: „Vati, was is 'n das eigentlich: negativer Sturz in den Beinen?"

Gustaf kriegt einen Hustenanfall, Frieda will wissen, was er dem Gör wieder für Torheiten erzählt hat. „Och nix!" sagt Gustaf, löffelt seine Suppe und denkt an Amalie, an Mary und an Paula. Besonders aber an Mary.

Merke: Gedanken sind zollfrei. (M. Luther)

Idiotensicher

Warum immer Ostsee? Gustaf hat sich zur Abwechslung ein Boot auf den britischen Norfolk Broads gemietet. Man muß alles mal kennenlernen. Und Julchen tut es gut, ihre Sprachkenntnisse zu erweitern.

Mönsch, so einen Kahn hat Gustaf noch nie betreten. Ist zwar nur ein Motorboot, aber immerhin: alles Mahagoni und blankes Messing. Und 'n Haufen Gedöns am Armaturenbrett. Auch Frieda strahlt: Grill, Eisschrank, fließend Warmwasser und Dusche. Na, und Julchen hängt sich gleich an den Fernseher – die Batterie muß doch leerzukriegen sein.

Die Bedienungsanweisungen sind lang und kompliziert und innen an die Klotür geheftet. „Weil man da so schön Zeit zum Lesen hat“, sagt der Vermieter. Da Gustaf vorerst nicht muß, kommt er auch nicht zum Lesen. Außerdem ist das alles auf englisch. Na, wird wohl auch so gehen. Und der Kerl hat ja auch gesagt, alles sei „völlig idiotensicher“.

„Und tanken Sie, so oft Sie können, Trinkwasser nach“, ruft ihnen der Werftvize noch zu. Dann sind sie mit einem Tschüs (auf englisch) entlassen.

Sie fahren gemütlich den Fluß abwärts und legen zur Nacht bei der Marina von Great Yarmouth an. Nach dem Abendbrot spülen sie das Geschirr mit viel Wasser. Frieda duscht, Julchen duscht, Gustaf wäscht sich konventionell (das heißt mit Hemd) – der Wasserspiegel im Standglas ist um die Hälfte gesunken. Sie benutzen fleißig das Klo – die Spülung geht elektrisch auf Knopfdruck, eine tolle Sache. Wo das viele Wasser wohl bleibt, wundert sich Gustaf, der die Bedienungsanweisungen immer noch nicht gelesen hat. Leider. Außenbords läuft jedenfalls nichts ab, das kann man sehen.

Am nächsten Morgen freut sich der Skipper, bei Burgh Castle an einer Tankstelle einen roten Schlauch zu entdecken mit dem Schild FREE WATER. Also nichts wie ran und Wasser ergänzen. Was hat der Werftmensch gesagt? Rechts sei die Verschraubung für Diesel und links für Wasser. Aber Gustaf sieht *drei* Verschlüsse. Einer ist mit „F“ gekennzeichnet, einer mit „W“ und der dritte, dicke, ist rot gepönt. Aber der Tankwart wird das schon machen. Der greift auch gleich zum Steckschlüssel und dreht ohne langes Fragen den dicken Verschluß auf:

Wasser marsch!

Gustaf peilt das Wasserstandglas, aber der Pegel will nicht steigen. Das Wasser läuft bereits fünf Minuten, doch der Pegel steht immer noch auf „halb“. Nach weiteren fünf Minuten steht er immer noch auf „halb“, und der Tankwart sagt: „Muß nun aber wohl voll sein!“

„Nö“, sagt Gustaf, „laß man noch laufen“. Da kriegt er mit einmal nasse Füße. Die tep-

pichbelegten Bodenbretter schwimmen auf. Es riecht intensiv nach Bayer-Leverkusen. Gustaf reißt die Klotür auf – ein Schwall blauer Flüssigkeit schwappt ihm entgegen. Und aus dem Klo-Trichter strömt es kräftig nach – blau, übelriechend und mit Resten menschlicher Verdauung garniert.
„Stopp, stopp!“ ruft Gustaf, und der Mann dreht den Hahn ab. Der Pegel zeigt immer noch „halb“. Dafür ist der Kahn halb voll mit diesem stinkenden Blauen Heinrich.
Was ist passiert? „*Oh man*“, sagt der Tankwart, „*I've got the wrong filler.*“ Er hat den Absaugstutzen des Schmutzwassertanks erwischt. Und anstatt dort die Saugpumpe (geruchssicher) anzuflanschen und den mit desinfizierenden Chemikalien blaugefärbten Inhalt abzusaugen, hat er einen halben Hektoliter Trinkwasser hinzugetankt, welches nun durchs Klo ungehindert und blau veredelt in die Bilge sprudelt.
„*Don't worry*“, sagt der Tankwart und holt einen dicken Schlauch. Den hängt er in die Bilge und schlürft damit den Kahn leer.
„*Okay and Farewell.*“ Der Gestank bleibt.
Abends liest Gustaf das Kleingedruckte. Klar, „F“ bedeutet *fuel* (Treibstoff), „W“ natürlich Wasser, und bei „*red cap*“ steht: „*Hände weg! Nur von autorisierten Absaugstationen zu öffnen!*“ Wirklich idiotensicher, das muß Gustaf zugeben.
Merke: Jede Erfahrung ist zugleich ein schöpferischer Akt. (O. Spengler: „Untergang des Abendlandes“)

Seekrank

Es ist ein Jammer. Sobald SINDBAD den Friedrichsorter Leuchtturm passiert, muß Frieda spucken. Gustaf hat alles mit ihr ausprobiert: vom Speckstück am Bindfaden bis zum autogenen Training; vom totalen Nahrungsmittelentzug vor der Reise bis zum Einlullen mit Sedativen; vom Schlafenlassen mit „Beine hoch“ bis zur brutalsten Beschäftigungstherapie vor dem Mast. Alles nix genützt. Rein gar nix! Frieda kotzt weiter und steckt damit sogar noch Julchen an, die neuerdings direkt darauf wartet, daß die Mutter ihre spitze Nase kriegt.
Ein Hemdloser von der Uni hat Frieda geraten, es mal mit TM zu versuchen. „TM?“ fragte Frieda mißtrauisch. „Was'n das?“ TM sei transzendentale Meditation, sagte der Barbrüstige, schüttelte den Kopf über so viel Ignoranz und ging fort. Nee, TM war auch nicht das richtige.
Da trifft Gustaf auf dem Steg seinen Vereinskameraden Prof. Dr. Dr. Sauerbrodt,

den berühmten Verhaltensforscher. Dem erklärt er sein Problem mit der kotzenden Frieda und bittet ihn um Rat und Zuspruch.
„Ehäm –", räuspert sich der Titan, „chäm – – ich bin eigentlich mehr auf Ethologie, also Tiere, spezialisiert, genau gesagt auf das Verhalten freilebender Ringelgänse (Branta bernicla) vor und nach der Mauser."
„Na bitte!" meint Gustaf, dem die verdammte Ähnlichkeit der Gänseforschung (vor und nach der Mauser!) mit Friedas und Julchens Fall sofort ins Auge sticht. Endlich hat er mal einen kompetenten Fachmann erwischt. Was für ein Glück, auf solche Kameraden im Bedarfsfall zurückgreifen zu können!
„Ehäm – ja, also was die Seekrankheit angeht", näselt der Fachkamerad, „da kann ich wohl kaum als Ethologe sprechen. Höchstens als – ehäm – akademisch etwas vorbelasteter Segler. Wenn Ihnen damit gedient ist." – „Schietegal", stößt Gustaf mit der Beharrlichkeit einer Pharao-Ameise nach, „also wat is mit den Weibern los?"
„Ehäm", meint der Gänsevater, es handle sich bei der Seekrankheit, wie längst empirisch nachgewiesen, um Störungen der Gleichgewichtsorgane sowie anderer Brechreiz auslösender Rezeptoren. Besonders inklinierten Frauen und Kindern, vorzugsweise anämische, blasse, nervöse und psychisch labile Astheniker. „Stimmt genau", sagt Gustaf, „blaß sind se und nervös auch." Besser hätte man seine Mädchen nicht beschreiben können. „Und wat hilft dagegen?"
„Ehäm –", hüstelte die Alpha-Gans verlegen, „eigentlich nicht viel, da meist anlagebedingt." Helfen könne allenfalls etwas Augentraining, Rumpf- und Kopfkreisen. Koffein, Nikotin sei zu meiden. Fettarm essen. Ansonsten seien als Indikation eben nur die üblichen Tranquilizer angezeigt, wobei mit rezidivierenden Affektionen jedoch immer gerechnet werden müsse. Völlige Immunität sei kaum zu erzielen. Allenfalls eine gewisse Adaptation. Vielleicht! Am besten im Hafen bleiben, wenn es weht!
Gustaf hat nichts verstanden außer Rumpfkreisen, Koffein, fettarm und im Hafen bleiben. Dieser Morskopp! Er bedankt sich aber höflich und geht an Bord zurück. Dort sitzt Frieda im Cockpit bei Kaffee und Obsttörtchen mit Sahne.
„Siehste!" sagt Gustaf. „Was *siehste?*" gnatzt Frieda. Gustaf kann schweigen wie ein Trappist, aber jetzt bricht es aus ihm heraus. „Recht hat er, der Professor, dat kommt allens vom Kaffeesupen und Kokenfreten. Besser tätste mal Rumpfkreisen machen. Oder Augenrollen!"
Frieda, die nicht weiß, wovon der Skipper spricht, fängt sicherheitshalber an zu schluchzen. Das hilft bei ihm meistens abrupt. „Na ja", sagt Gustaf halb besänftigt, „dat soll gut sein gegen dat Kotzen".
„Ich kotze doch gar nicht!" sagt Frieda weinerlich. Und Julchen meckert aus dem Niedergang: „Niemand kotzt hier!"
„Na, und wenn schon", lenkt Gustaf ein, „Hauptsache, ihr beklagt euch nicht, wenn's euch schlecht geht. Dafür geht es *anderen* Leuten eben besser." Und mit diesem eindrucksvollen Satz hat er das Problem der Seekrankheit fürs erste gelöst. Zumindest bis zum nächsten Wochenende. Er ist rich-

tig stolz auf diesen unheimlich starken Abgang.
Merke: Dem Selbstzufriedenen genügt nicht, keine Gedanken zu haben; er muß auch unfähig sein, sie auszudrücken. (Molière)

Kuh von rechts!

Also ganz unter uns: Seit Gustaf im Kleinen Belt auf der lieblichen Insel Barsö beim Pilzesammeln von einer mächtig fünschen dänischen Kuh verfolgt und quer über die Wiese in einen Matschgraben gejagt wurde, ist er echt sauer auf alle Rindviecher – gleich welcher Provenienz.
Darum hatte er auch tiefstes Mitleid mit dem armen Skipper aus Emden, den er im friesischen Bergum traf. Mein Gott, man legte den armen Kerl zwar nicht direkt in Ketten. Aber die holländische Rijkspolitie hatte ihn mehrmals verhört. Und die Bürger Bergums nahmen eine unübersehbar drohende Haltung gegen ihn ein, bevor sie ihre Bürgersteige zur Nacht hochklappten. Was hatte der bedauernswerte Mann nur angestellt? Hatte er die Schweinepest nach Holland eingeschleppt? Hatte er aus dem Bergumer Meer den Fischern ihren letzten Hecht vor der Nase weggeangelt? Hatte er einen Friesen gar als „Holländer“ bezeichnet?
Ach nee, etwas viel Schlimmeres war passiert: Er hatte eine Kuh gerammt. Keine Seekuh. Nein, eine richtige, gesunde, rotbunte, holländische Milchkuh. Eine von der glücklichen Sorte, die im Fernsehen immer von der strahlenden Frau Antje gestreichelt werden, weil ihre (der Kühe) Milch so besonders schmackhaften Käse liefert. Um die Kuh zu rammen, brauchte er nicht, wie einst 007-Agent James Bond mit seinem Schlickrutscher, ein Stück über Land zu schlittern. Nö, die Kuh schwamm friedlich im kühlen Starkenborgh Kanal. Vielleicht hatte sie Angst, daß ihr bei der Hitze die Milch sauer würde. Oder ihr Freund Hannibal wartete am anderen Ufer. Wer weiß! Ihr ganzes Pech war nur, daß sie ihren Badefreuden just in dem Augenblick frönte, als die Emdener Motoryacht dort entlangdaddelte.
Es war hinter Groningen bei der Schuilenburger Brücke; die Sonne lachte; die Gören aalten sich auf dem Vorschiff; die Olsch hantierte unter Deck; der Skipper meditierte am Ruder. Da sprang Fritzchen wie von einer Tarantel gestochen in die Höhe und brüllte: „Wahrschau Kuh von rechts!“ Doch da bumste es schon, und alle Überlegungen, ob die Kuh etwa Vorfahrt gehabt

hätte und aufgrund welcher Regeln, erübrigten sich: Mientje, die friesische Kuh, war deutschem Kruppstahl nicht gewachsen und fand im Starkenborgh Kanal bei Kilometer 38 einen stillen Seemannstod.
Mein Gott, der Skipper tat alles, um das Tier zu retten. Aber bergen Sie mal eine Kuh aus Seenot! Nach zweistündiger harter Arbeit unter Einsatz des Rettungsdienstes und langem Palaver mit der Polizei wies man ihn an, Bergum anzulaufen und sich dort für weitere Vernehmungen zur Verfügung zu halten.
Und eben dort traf Gustaf ihn. Verwandte Seelen! Kuhgeschädigte! Beide fern der Heimat auf die Hörner genommen – das verbindet. Doch was war, wenn dieser Affront zu politischen Verwicklungen führte? Wenn Holland jetzt gar generell Bootsführerscheine für Ausländer einführen würde? Fragen, Zweifel und ein nagendes Schuldgefühl in den Eingeweiden, das auch durch stärkende Getränke nicht zu bändigen war. Im Gegenteil.
Gronings Dagblad kommentierte tags drauf das schreckliche Ereignis – mit grollendem Unterton – so:
Eindje zwemmen: overvaren! (Einmal gebadet: überfahren!)
Eine deutsche Vergnügungsyacht hat bei der Schuilenburgbrücke eine schwimmende Kuh übergekarrt. Das arme Tier war aus noch unbekannten Gründen ins Wasser geraten und durch den unaufmerksamen Skipper nicht bemerkt worden. Mit einem Greifer des Rettungsdienstes hat die Gemeinde Groningen den Kadaver aus dem Wasser gefischt. Die Unaufmerksamkeit des deutschen Yachtskippers wird ein Nachspiel haben.
Der Emdener war jetzt vollends am Boden zerstört. Gustaf wußte für ihn keinen besseren Trost als den trockenen Hinweis: „Mönsch, sei blots froh, daß dat keine heilige Kuh auf 'm Ganges war. Die Inders in Benares, die hätten dich gleich *gelyncht!*"

Liebenswerte Käuze

Es stimmt überhaupt nicht, daß Segeln den Charakter verdirbt. Den Schnack können, so meint Gustaf, nur humorlose Dreiecks-Fanatiker weit binnenlands gelegener Regattareviere erfunden haben. Nee – Gustaf hat viele nette und ulkige Typen auf dem Wasser getroffen, und immer kommen neue hinzu. Sicher, Luschen gibt's überall, nicht nur beim Skat – doch was ist schon eine Glatze unter tausend Toupets!

Gustaf möchte sich vor Lachen in die Hose machen, wenn er an den Mann denkt, der dank abenteuerlicher Navigationsbolzen auf dem Weg von Gibraltar zur Arktis mit seinem Blechpott vor Marokko (!) strandete. Schiff weg, Geld weg, Ruf zum Teufel. Aber was tut der Mann? Anstatt zu weinen, stiftet er für sich und andere einen Preis, „für den miesesten Segler des Jahres". Richtig nett, so was.

Und erst der ulkige Vogel, der sich ein Schiff aus einem eichenen Weinfaß baute, mit Schwimmern, Flossen und einem Steuerstand mit Blumenkästen. Gustaf mag solche Individualisten – was wäre die Welt der bunten Segel ohne sie!

Oder gar der Macker von Plöner See, der sich aus Sperrholz, Pedalantrieb, Blech und Resopal eine (fast) echt wirkende U-Boot-Attrappe, Baujahr 1941, zusammenschraubte und damit – zum Gaudi der Kurgäste – stolz vor der Promenade spazierenfuhr. Alles wirkte echt – Turm, Kanone, Balkenkreuz und Kriegsflagge. Nur tauchen konnte U 99 nicht, denn unterwärts war nichts als ein zugeschweißter Heizungskessel.

Gelacht hat Gustaf auch über den still-verschämten Charme der darbenden Fischer an der schleswig-holsteinischen Küste. Vor allem, seitdem sie ihre Netze ganz suutje eingemottet und einträglichere Erwerbsquellen entdeckt haben: das nach Tausenden zählende Volk der Hochseeangler. Mit ihnen stopft man fleißig die Kutter voll und sticht in See. Sofern länger als acht Stunden draußen, lockt billiger Transitschnaps. Doch wer angelt, mag nicht saufen. So fischt man (wenn man dem Küstenklatsch Glauben schenken darf) morgens erst mal eine fündige Dorschbank ab, bis jeder einen Fisch (zum Vorzeigen) gefangen hat. Danach

treibt man gemächlich über Gründe, wo nix los ist, weil die Außenbordskameraden gerade Kurzurlaub machen.
Fazit: Die Sportler geben's auf und vertreiben ihren aufkeimenden Ärger mit Saufen! So ist in schöner Harmonie allen geholfen – den darbenden Fischern, den durstigen Anglern und den unter Verfolgung leidenden Dorschen. Nett, nöch, findet Gustaf. Am meisten freut es ihn für die gestreßten Dorsche. Mögen sie sich im Urlaub gut erholen!
Ach, wie ist das Leben doch reich an liebenswerten Originalen!

Irische Navigation

„Is wie inne Schweiz, mit Bergen, Wiesen, Kühen und Seen", hatte Otje gesagt, als er Gustaf sein Charterboot in Irland zum halben Preis anbot. Otje hatte es nämlich plötzlich an der Galle bekommen. Frieda war entsetzt: „Bist du mall? Zu den Bombenlegern? Niiie!"
Um es kurz zu machen: Sie fuhren doch zum Lough Erne, denn Otjes Angebot war zu und zu günstig. Der Erne ist ein ausgedehntes, einsames Naturreservat zwischen Nord- und Südirland. Es besteht aus schmalen Flußläufen, unzähligen Inseln und einem großen, blauen See. Sie sahen keine Grenzpolizei und keine Bombenleger, und es war wirklich fast wie in der Schweiz. Nur billiger. Und nicht so viele Deutsche.
In Belturbet fand die Übernahme des Bootes sowie eine gründliche Einweisung statt. Frieda lobte die perfekte Kombüse; Julchen strahlte, weil sie eine eigene Kabine hatte; Gustaf fand an der Technik nichts auszusetzen. Also dampften sie nach einer kurzen Proberunde los. Es war später Nachmittag geworden.
Der Vermieter hatte auf der Karte angekreuzt, wo sie zur Nacht festmachen könnten. Das Flüßchen schlängelte sich sanft durch satte Auen. Frieda kochte Kaffee. Julchen knipste Kormorane und Graugänse. Gustaf steuerte verträumt den dicken Kahn zwischen Seerosen und skurrilen Weiden hindurch. Irland war direkt Klasse!
Leider setzte nach einer Stunde Nieselregen ein; die Sonne verschwand, und die Sicht wurde häsig. Gustaf schaltete die Scheibenwischer ein. Der Fluß mündete in ein größeres Gewässer mit vielen Inseln, die alle gleich aussahen. „Kennst du dich denn da aus?" fragte Frieda argwöhnisch. „Vati kann alles, der ist ein Super-Seemann", sagte Julchen. Gustaf blickte auf den Kompaß: Man mußte das machen wie in den Schären – nach Kompaßkurs von Insel zu Insel und jede auf der Karte abhaken.
Gustaf steuerte Nordwest. Jetzt mußten an Steuerbord drei Inseln hintereinander folgen. Nummer 1 kam programmgemäß. Aber wo blieb Nummer 2? Gustaf zog einen Strich auf der Karte: Wenn er stur NW steuerte, traf er die gesuchte Anlegebrücke von Geaglum genau auf den Kopf. Aber ohne die Inseln Nr. 2 und 3 ging es nicht. Die *mußten* an Steuerbord in Sichtweite passiert werden. Er fuhr 10 Minuten – Insel Nr. 1 war kaum noch zu sehen. Keine Tonne, keine Land-

marke, keine Insel 2 und 3 in Sicht. Nur ein grünblauer, einsamer Fjord mit grauverhangenen Bergzügen zu beiden Seiten. Nach 20 Minuten war es nicht anders. Waren dic Inseln untergegangen wie einst Atlantis? Der Skipper wurde nervös. Frieda war sein hastiges Manipulieren mit der Karte und sein angestrengtes Starren durch die Windschutzscheibe längst aufgefallen. „Is was?" fragte sie. „Nö", sagte Gustaf, „allens klor". Sssst, ssst, machten die Scheibenwischer. Es war das einzig wahrnehmbare Geräusch außer dem Summen des Diesels irgendwo im Schiffsbauch.
Nach einer halben Stunde schien der Fjord sich zu verengen, so als ob er dort zu Ende wäre. Dabei hätte er noch 50 Meilen lang sein müssen. Da rief Julchen: „Sieh mal, Vati – ein Angelboot!" Und Frieda knurrte gereizt: „Frag da doch mal, ob wir hier richtig sind." – „Quatsch", sagte Gustaf unwirsch. Aber da der Fjord da vorn wirklich zu Ende zu sein schien, schor er bei dem Angler längsseit und fragte, ob sie hier richtig wären. Der Mann fragte zurück, wo sie denn hinwollten. „Den Erne abwärts", sagte Gustaf. Darauf zeigte der Angler dorthin, wo sie gerade herkamen und sagte: „Zurück bis zur Ecke und dann links. Und dann immer geradeaus." – „Siehste!" sagte Frieda ätzend, und es klang, als ob sie mit Kaustiksoda gegurgelt hätte.
Gustaf fuhr bis zum Eingang des Fjords zurück und bog links ab. War zwar Quatsch, denn der Kompaß zeigte jetzt Nord*ost*, und das war entschieden 90 Grad aus der Richtung. Wäre er bloß nicht nach Irland gefahren! Und dunkel wurde es auch.
Doch da hörte der Regen auf, und Gustaf stellte die Scheibenwischer ab. Als er wieder mal auf den Kompaß blickte, zeigte dieser Nord*west*. Gustaf dachte, ihn narrte Draculas Geist. Oder waren gar parakinetische Kräfte am Werk?
„Schalt' doch noch mal die Wischer ein", sagte Julchen. Wozu das, dachte Gustaf, aber er tat es: Der Kompaß sprang spontan auf Nord*ost*. Julchen grinste hämisch. Aha, also das war des Pudels Kern: 90 Grad Elektro-Deviation!
Als sie nach einer Woche zur Werft zurückkehrten, wollte Gustaf dort ordentlich auf den Putz hauen. So was mußte einem Schip-

per doch gesagt werden! „Och“, meinte der Vermieter abwiegelnd, „daran stoßen sich höchstens mal die Deutschen. Die wollen's immer ganz genau haben.“ – „Mönsch“, sagte Gustaf grob, „*acht* Strich Deviation! Ist das etwa nichts?“ – „Mein Guter“, antwortete der Ire treuherzig, „welcher Charterkunde versteht denn schon was von Deviation? Die meisten wissen ja nicht mal, was ein Kompaß ist.“ Und er reckte seinen Daumen in die Höhe und fügte hinzu: „Hier, *das* ist der beste Kompaß in Irland!“
Merke: *He thinks too much, such men are dangerous.* (Er – Gustaf – denkt zuviel; solche Leute sind gefährlich. – Shakespeare, Caesar)

Schreberyachten

Was das ist? Mönsch, sagt Gustaf, ist doch klar: Kuck dir doch mal die Marinas in Holland und entlang der Ostseeküste an. Oder die schwimmenden Festungen der Upper Class an der Côte d' Azur. Ein normales Gebrauchsboot zum Schippern wirkt dazwischen so deplaciert wie der Kölner Erzbischof bei einer Transvestitenrevue.
Mann, wie würde der olle Dr. Schreber (1808 – 1861) vor Freude im Grabe rotieren, wenn er sähe, wie seine dunnemals als Wahnwitz verlachte Laubenkolonie-Idee heute Gemeingut der feinsten Kreise geworden ist. *Boating* ist „in“. Jedenfalls, was das „Wohnen zur See“ angeht. Das „Fahren zur See“ kann man sich getrost verkneifen. Wozu auch, wenn man die See vom Hafen aus betrachten kann.

Vor zwei, drei Jahrzehnten gab es auf dem Wasser noch keine Schreberkulturen. Da lagen die Kähne ungeordnet an ihren Stegen wie in den Klongs von Bangkok. Oder sie waren höchstens verschämt nach Länge oder Farbe sortiert. Doch heute ist alles durchorganisiert: links die Carters, rechts die Vindös, im zweiten Glied die Dufours; nebenan, wo es etwas billiger ist, die Variantas – säuberlich abgesetzt von den Neptuns; noch weiter, am linken Flügel, die Folkes; ganz achtern in der Ecke die Motorboote. Dort liegen sie nun alle von März bis Oktober unberührt wie eine Starkstromleitung, Schnauze zum Steg – wie die Kühe im Stall. Wehe dem, der aus der Reihe tanzt. Ein Spiegelbild unserer Gesellschaft.
Gustaf kennt einen Intendanten vom Fern-

sehen, der hat am Ijsselmeer einen dicken Botter liegen. Nur so als Jubelschuppen für Weib und Gören in den Ferien. Wenn der mal echt fahren will, chartert er einen Cruiser in Athen. Ist einfacher so. Und schont das eigene Boot.
In Hamburg gibt es einen stadtbekannten Frauenarzt, dessen gläserner Bucentaurus im Schilkseer Hafen bereits am Grund angewachsen ist. Sonntags wienern sie ihn wie den Spiegelsaal von Versailles. Doch zum Fahren ist er zu schade. Das tut der Professor lieber zweimal im Jahr mit Freunden im Skagerrak auf einem gemieteten Donnerbolzen mit Skipper. Warum? Siehe oben.
Oder jener Architekt aus Viersen, der eine 45' Trewes (nebst Bootsmann) in Damp unterhält. Er besucht sie jedes Wochenende, um zu sehen, ob sie auch gut gepflegt wird. Bewegen oder Bewohnen würde Entweihung bedeuten. Dafür hat er ein Appartement an Land, mit Blick auf den Yachthafen

und seinen Dampfer. Betrachten ist besser als Betreten. Ihm genügt das stolze Gefühl des Besitzens. Gediegen, nöch?
Doch – wenn schon damit nicht *gefahren* wird – zum *Bewohnen* eignen sich die Schwimmlauben eigentlich auch nicht recht: Das Bordklo darf nicht benutzt werden. Futtern tut man besser an Land nach Gutsherrenart, denn Kochen saut die Pantry ein. Schlafen an Bord? Unbequem, hart und in manchen Yachthäfen sogar verboten. Was noch? Lieben? Aber, aber – was sollen die Nachbarn denken!
Nee, Gustaf meint, man soll die Pötte getrost in Ruhe träumen lassen – die Schreberboote, in Doppelreihe, mit Blick auf die flaschengrüne See. Vielleicht könnten ein paar Blumen an Deck . . .? Ach was, ihr Anblick ‚per se' genügt schon: Schönheit, wie Perlen aufgereiht – sanft schaukelnde Ästhetik – maritime Friedhofsidylle. Menschen würden da nur stören.
Merke: Schönheit und Verstand sind selten nur verwandt. (Sprichwort)

Zement

Es gibt fast kein Material auf der Welt, das nicht schon als Baustoff für Boote benutzt wurde. Vom treibenden Baumstamm über schwimmende Grasbündel bis zum Binsenfloß oder Papyrusboot.
Die irischen Eroberer umspannten im 6. Jahrhundert die hölzernen Gerippe ihrer Schiffe mit Ochsenhäuten. Aber schon tausend Jahre davor befuhren die Babylonier den Tigris mit den ersten Schlauchbooten der Geschichte aus aufgeblasenen Schweinebälgen. Seitdem fand jede Art von Holz, Häuten, Leinwand, Eisen, Aluminium, Kunststoff, ja selbst reines Kupfer Verwendung, wobei oft die Baukosten im diametralen Verhältnis zur Lebensdauer standen. Was Rost, Rott oder der Teredowurm nicht schafften, besorgten Winde, Kliffe und Riffe – oft, wie Anno 1628 im Fall der schwedischen VASA, bereits vor der Haustür und angesichts des zum Abschied versammelten Hofstaates.
Gustaf ist als moderner Mensch allen Neuerungen des Bootsbaues gegenüber sehr aufgeschlossen. Auch wenn er Kunststoff mehr in der Küche als auf dem Wasser schätzt oder in Sandwich-Bauweise hergestellte Decks respektlos „Klappstullen" nennt – ganz zu schweigen von seiner tiefen Abneigung gegen nächtlich scheppernde Alu-Ma-

sten. Aber er meint, das soll jeder schließlich halten wie er will. Hauptsache, der Kahn schwimmt und liegt nicht gerade neben seiner SINDBAD.

Doch nun entdeckte er etwas Schreckliches, das seine heile Welt nahezu zum Einsturz brachte: *Beton* als Baustoff! Zementschuten als Yachten! Das ging zu weit!

Dabei hatte er ursprünglich eigentlich gar nichts gegen Zement gehabt. Aber dann lebte er einige Jahre im lieblichen Itzehoe. Dort gab es zwei Zementfabriken – eine im Nordosten, die andere im Südwesten: Woher der Wind auch wehte – Gustafs Frühstücksei knirschte zwischen den Zähnen. Und Friedas Käsekuchen bekam eine Puderzuckerhaube aus grauem Staub. So etwas konnte auf die Dauer nicht ohne Auswirkungen bleiben.

Und auch seine Tante Nüte (nunmehr 90 Jahre alt) hatte mit Zement schlechte Erfahrungen gemacht. Sie verkaufte vor 20 Jahren ihr Travemünder Haus an eine Baugesellschaft auf Leibrente »mit Gleitklausel«, das heißt, angepaßt an die Entwicklung der Zementpreise. Doch damit war sie übel reingefallen, denn obwohl die Lebenshaltungskosten sich seit damals verfünffacht hatten, blieb der Zementpreis von Jahr zu Jahr gleich.

Die dritte Enttäuschung bereitete Gustaf der Zement, als seine Schwester Elke nach Elmshorn in einen dieser monumentalen Betonsilos zog, wo man im Erdgeschoß aus dem Bett fällt, wenn jemand im 17. Stock aufs Töpfchen geht.

Als er ihr beim Umzug half, war kein Haken in die Wand zu kriegen, und die V2A-Stahlbohrer aus SINDBADS Backskiste quietschten wie Schweine, anstatt Dübellöcher zu bohren. Nee – eher würde sich die 90jährige Tante Nüte für den Worldcup der Profitänzer begeistern als Gustaf für Zement als Baustoff.

Nichts gegen den Fortschritt, aber bei so vielen tragischen Erlebnissen wird man eben voreingenommen. Nein, Zement paßt nicht in Gustafs Welt. Wat toveel is, is toveel. Dann noch eher diese Sandwich-Klappstullen aus Plastik.

Segeln im Saal

Omö, der idyllische Inselhafen im Großen Belt, war voll. Das sah Gustaf schon von draußen. Aber er hatte Glück: Die dickärschige Rennflunder aus Hamburg, die vor ihm eingelaufen war, paßte nicht zwischen die Pfähle. Ihr Skipper winkte deshalb Gustaf in das letzte freie Joch und packte sich selbst quer davor, nachdem Gustaf zugestimmt hatte, daß man seine SINDBAD als Landgang benutzen dürfe. Als der neunte Mann der Flunder über sein Deck gelatscht war, fragte Gustaf den Skipper, ob man sich seinen Aquaplan nicht mal ansehen könne. Klar! So kletterte Gustaf über SINDBADS Klüverbaum an Deck des Flugzeugträgers und war alsbald vor Staunen baff. Mann, da schnallste ab – so wat hatte er von dichtebi noch nicht gesehen. Und gleich wollte er wissen, wofür so ein Apparat denn gut sei. „Das ist ein IOR-Cupper", sagte der Skipper, „'n Flushdeck-Twotonner, Spezialbau von Huisker, destiniert für Cup races, in- und offshore, Fastnet usw., paßt in das Rating wie'n Proppen in den Flaschenhals. Gekonntes Rule cheating, was?" Gustaf zählte verwirrt in Cockpitnähe 17 Spills und Winschen, 2 Steuerräder, mehrere Kompasse und Monitoren, diverse Echolote, Speedometer und ein Diagnosezentrum für Windmessung, Bootstrimm, Differenzdruckmesser für Segelstellung und -trimm, Hydraulik nebst Oszillatoren, Goniometer und anderen Quatsch bis hin zum elektronischen Hull cleaner, der Barnacles und Bewuchs während der Fahrt beseitigt.
Ob das alles unbedingt nötig wäre zum Segeln, fragte er den Skipper. Zum *Segeln* nicht, meinte dieser, aber zum *Gewinnen*. Dabei fehlte noch manches, z. B. ein Trimmlift, um Bleiballast am Mast vertikal zu verschieben – von der IYRU zur Zeit noch verboten, aber in Australien längst eingeführt. Und ein Digital-Koppelrechner, der permanent die idealen Mischwerte aus Segelführung, Rumpftrimm und Steuerkurs liefert. Damit könnte man 24 Stunden lang Rumpfgeschwindigkeit laufen: also optimalste Antriebsausnutzung bei minimalster Außenhautbenetzung. Das wäre eben der Fortschritt.
Gustaf dachte an Friedas häufige, unfortschrittliche und zudem vergebliche Bemühungen, SINDBADS Fock manuell einen Zahn dichterzuknallen, um dadurch wenigstens 4 Meilen Fahrt herauszukitzeln. Aber Rumpfgeschwindigkeit – ja, das war was anderes. Und sogar 24 Stunden lang! Doch warum dauerten die Fastnet-Rennen denn immer so lange? Er fragte danach.
„Ja, wenn kein Wind ist, nützt auch der klügste EDV-Rechner nichts", sagte der Skipper. Gustaf dachte nach: Richtig – der Wind, der dämliche, der beim Segeln immer alles versaute. Ihm kam da eine tolle Idee.

„Hör'n Sie mal", fragte er den Skipper, „warum bauen Sie denn nicht irgendwo an Land in schöner Lage, an der Elbe beim Institut für Segelsport oder in Cowes beim RORC, eine große Simultananlage im Saal? So ein internationales Planspiel mit Segelcomputern, eingegebenen Windprognosen, Mann-über-Bord-Einlagen und Kaffeepausen. Und dann am Simulator nur noch Rumpfgeschwindigkeit segeln. Ohne Boote, ohne Mannschaft, ohne Flauten – aber immer optimalste Höhe. Wer am schnellsten rechnen kann, siegt. Wär dat nich noch mehr Fortschritt?"

Der Skipper hustete, als habe er sich statt Sherry versehentlich Akkusäure hinter den Knorpel geplätschert. Doch dann entsann er sich jener hehren Tradition hanseatischer Meerbezwinger, in allen Lebenslagen echte Toleranz zu üben. Er blickte den rasch zusammenschrumpfenden Gustaf nachsichtig an und erklärte ihm mit herablassender Würde: „Sehen Sie, bester Mann, im Prinzip ginge das schon. Aber wo bliebe denn da der uns alle verbindende Sportgeist und die Liebe zur Natur? Schließlich sind wir *Segler* und keine Roboter."

Gustaf stutzte. Ach nee – die Natur! Die hatte er beim Bestaunen des elektronischen Diagnosecenters ganz vergessen. Dabei hatte schon Achilles – jener durch seine Verse berühmte Grieche – vor zigtausend Jahren von den unendlichen Wundern der Natur geschwärmt. So entschuldigte er sich beim Skipper für die Störung und kraxelte auf die SINDBAD zurück.

Fortschritt oder Natur – hatte er was hinzugelernt?

Scheidung maritim

Ehe wem Ehe gebührt, sagte der Einhandsegler und blieb Junggeselle. Gustaf hat mit Frieda (bislang) wenig Probleme gehabt: Weder warf sie ihm das Saufen vor, noch er ihr das Essen nach. Man hat sich arrangiert. Aber nun ist das neue Familienrecht in Kraft getreten. Seitdem muckt Frieda häufiger auf, als dem Skipper lieb ist. Es nützt auch nichts, daß Gustaf seine patriarchalische Exekutivgewalt einsetzt und Frieda die Betriebsmittel (sprich Haushaltsgeld) kürzt. Da wird sie erst recht bockig; und auch Julchen bleckt schon solidarisch die Reißzähne. Düwel ok, mit seinen Weibern geht es Gustaf wie mit der dänischen Sprache – er liebt sie, aber beherrscht sie nicht.

Als Gustaf jüngst (mit Recht!) Frieda wegen des hohen Gasverbrauchs tadelte, gab sie ihm schnippisch zur Antwort: „Könn' uns ja scheiden lassen!" Dunnerkiel, das schlug ein wie ein Knallfrosch in ein Damenkränzchen. Wie verhält sich ein Mann in solch einer Krisensituation? Schreien, hauen, schmollen? Nee, Gustaf orientiert sich klammheimlich auf dem nächsten Clubabend über das neue Familienrecht, Abt. Scheidung.
Er ist nicht der einzige Skipper, den das interessiert. Das Gesetz scheint nicht von Seglern gemacht zu sein. Eher von frustrierten Kapitäneusen, die den Männern damit allen Ärger über auf See erlittene Unbill heimzahlen wollen. Anders ist jedenfalls die Heimtücke nicht zu erklären, mit welcher hier der treusorgende Gatte (oder Regatte) für sein bißchen Vergnügen bestraft werden soll.
Eine Segler-Ehe kann nämlich jetzt bereits als zerrüttet – und somit scheidungsreif – angesehen werden, wenn Frieda der Meinung ist, Gustaf ginge zu oft in den Club.

Frieda kann sich dabei aussuchen, ob sie dem Skipper „Alkoholmißbrauch" oder „Trunksucht" vorwerfen will. Oder das Segeln am Wochenende als „übertriebene Sportausübung". Oder seinen Posten als 2. Kassenwart als „Vernachlässigung der Familie durch Ausübung eines Ehrenamtes". Alles sind jetzt Scheidungsgründe! Ehrlich, das ist kein Witz.
Deshalb warnt Gustaf alle Freunde: Segler, seid auf der Hut – ein Bier zuviel, und schon seid ihr ausgetrickst! Die Frauen formieren sich bereits zum Angriff! Paßt auf, man will euch in die Pfanne hauen – emanzipiert euch endlich, kämpft um eure (sogenannten) Rechte. Vergeßt nie: Wer geschieden wird, zahlt als der „Finanzkräftigere", bis ihm die Finger bluten. Und die Unterhaltspflicht dauert an, „bis es der finanzschwächeren Ehefrau gelungen ist, sich selbst durch eigene Arbeit oder durch eigenes Vermögen einen angemessenen Unterhalt zu besorgen" – also , soweit es Frieda betrifft, *ewig*.
Kapitäne, seid klug wie ein Delphin und mutig wie ein Killerhai! Denkt immer daran: Das halbe Boot gehört eurer Frau; von jeder Buddel Bier trinkt sie die Hälfte mit. Macht sie mitschuldig an euren Verfehlungen: Nehmt sie zum Segeln mit; animiert sie zum Mittrinken; windet ihr das Racheschwert aus der Hand, bevor sie zuschlagen kann!
Merke: Nur wer verzagend das Steuer losläßt, ist im Sturm verloren. (Emanuel Geibel † 1884)

Hair

Gustaf hat zu menschlichem Haar ein leicht gestörtes Verhältnis. Besonders, wenn es lang ist, schätzt er es kaum mehr als der Oberförster den Waldbrand. Aber ein Gutes haben lange Haare doch – man kann damit die Geschlechter auseinanderhalten. Das heißt: man *konnte* es.
In Gustafs goldener Jugendzeit trugen alle Deerns lange und alle Jungs kurze Haare, was klare Verhältnisse schuf. Darauf folgte dann eine schlimme Periode, wo alles Volk mit langen Zotteln herumlief; aber da konnte man die Deerns, wenn nicht anders, so doch immerhin an ihren weiblichen Formen erkennen. Gustaf paßte sich an.
Doch danach wurde es pervers: die Bienen trugen kurz, die Macker lang. Indessen – wenngleich dies zwar die Orientierung erschwerte, war sie dennoch nicht unmöglich, da bei den Jungmännern Bart in Mode kam (und Damenbart ziemlich selten war). Gustaf gelang auch hier die Anpassung.

Was ihn dann aber total vom Sockel haute, war die allerletzte Entwicklung auf der Haarszene: Weiber kurz, Kerls kurz, keine Busen, keine Bärte, alle Typen hinten und vorne platt und glatt. Dazu pfeiferauchende Miezen und Burschen mit Ohrringen. Und dies Kuddelmuddel ausgerechnet auf der ehrwürdigen Vereinsyacht Seekuh, neben der Gustaf seinen Pott liegen hat. Ausgerechnet! Gustaf paßte sich nicht mehr an – er *paßte*.

Und er kuckt seitdem immer weg, wenn die Seekuh ein- oder ausläuft, obgleich die Manöver gar nicht so schlecht ausfallen. Nee, dat nich, aber immer so den moralischen Untergang der Jugend vor Augen, dat ist toveel.
Und er bemüht sich um einen anderen Liegeplatz, wo man noch die Böcke und Zippen auseinanderhalten kann und wo Ordnung herrscht. Jawoll! Trau keinem unter dreißig!

Holland in Not

In diesem Jahr schippert Gustaf in Holland mit einem gemieteten Motorkahn über die friesischen Seen. Südlich von Leeuwarden liegt der Prinzenhof, eine romantische, von unzähligen Kanälen durchschnittene Wildnis mit viel Grün und wenig Häusern. Da klüsen am Wochenende an die tausend Boote umher, zwischen grasenden Kühen und naturverbundenen Wassergeusen. Machen an Wiesen fest, schwatzen, kucken und trinken een Kopje Tee, indes die Gören mit Gummibooten Spritzschlachten austragen.
Gustaf kennt das Revier noch nicht. Er fährt deshalb strikt nach Karte. Doch in den zahllosen Wasserläufen verbiestert er sich nach kurzer Zeit. Zwischen zwei Motorbooten legt er schließlich an. Während Frieda Kaffee kocht, nordet er seine Karte ein und sucht darauf den Platz, wo er festgemacht hat. Unmöglich – der Graben läuft ostwärts, aber auf der Karte ist kein ostwärts laufendes Gewässer verzeichnet.
Gustaf jumpt an Land und geht zum Vordermann – die Karte unterm Arm, den Peilkompaß in der Hand: Verzeihung bitte, wo sie hier wohl wären. „*Het Prinsenhof*", sagen die Holländer freundlich. Klar, sagt Gustaf, aber *wo* im Prinzenhof, der ist doch groß. Die Leute schütteln den Kopf, keine Ahnung. Sie fragen, warum er das wissen will, es ist doch egal, wo es ist, es ist doch überall schön hier.
Typische Friesen, denkt Gustaf als typischer Deutscher und versucht es beim Hinter-

mann. Der nimmt die Karte in die Hand, hält sie aber verkehrt rum und sucht den Prinzenhof in der Gegend von Staveren. Gustaf richtet ihm die Karte ein und drückt ihm einen Bleistift in die Hand. Er soll ein Kreuz machen, wo sie sind. Der Mann macht zuerst ein Kreuz bei Joure, dann ein zweites bei Sneek. Mönsch, sagt Gustaf, dat is doch 20 Kilometer vom Prinzenhof weg. Der Mann lächelt verlegen – Gustaf soll es mal zwei Schiffe weiter versuchen. Da liegt einer aus Leeuwarden, der weiß es sicher. Doch das ist ein Charterschipper, der weiß es auch nicht. Sechs Köpfe beugen sich jetzt über die Karte; hornige Finger fahren kreuz und quer durch Friesland. Aber niemand findet den Graben.

Da nähern sich zwei Angler dem ratlosen Sextett und fragen auf deutsch, ob sie helfen können. Gustaf strahlt – Landsleute! Klar, sagt er, wo sie hier sind, will er wissen. Und er reicht ihnen die Karte. Ein kurzer Blick, zack, zack, zack: *Hier* ist es! Gustaf wendet ein, daß da doch kein Wasser eingezeichnet ist. Ach so, sagt der eine Landsmann, ja, das ist ein neuer Kanal, der ist noch nicht auf der Karte. Und er zeichnet ihn ein. Daneben ein Kreuz, wo sie stehen. Alles okay, vielen Dank auch, tschüs Sportsfreund! Das Ganze dauerte keine zwei Minuten.

Gustaf will zufrieden an Bord zurückgehen. Da hört er den Mann vom Nachbarschiff zu seiner Frau sagen: „*Zie je, Greetje, dat is het nu, waarom ik die duitse moffen niet kan uitstaan!*" (Siehst du, Grete, das ist es, weshalb ich die Deutschen nicht riechen kann!)

Merke: Die Deutschen haben zwar nicht das Pulver erfunden, wohl aber die Philosophie des Pulvers. (Kurt Tucholsky)

Aberglaube

Das Wetter war heiter und die See glatt. Gustaf saß am Ruder und flötete stillvergnügt sein Lieblingslied, „o, o, o, Oma, lot doch mal dat La Paloma lopen lohn; La Paloma, Oma, is so wunnerscheun!“ Da rief Julchen giftig aus der Kajüte: „Pfui, Vati, an Bord pfeift man nicht!“ Gustaf zuckte zusammen. Düwel ok, hatte das Gör ihn erwischt! Da er aber nie um eine Antwort verlegen war, sagte er: „Ich pfeife doch nur, damit es Wind gibt. Außerdem bin ich nicht abergläubisch.“

„Du und nicht abergläubisch“, sagte Julchen, „daß ich nicht kichere.“

War Gustaf nun abergläubisch oder nicht? Und wenn, dann sicher nicht mehr als Heini und Fiete, die es auch nicht sein wollten. Und es war auch eigentlich kein richtiger Aberglaube, sondern mehr so eine Art Ritual-Kodex, der festlegte, was man an Bord durfte und was nicht. Auf See konnte man nie wissen, was noch alles auf einen zukam, wenn man sich falsch benahm.

So gehörte der erste Schluck aus der frischgeöffneten Kömbuddel natürlich Neptun, vor dem jeder Segler großen Respekt hat. Wozu allerdings der Kupferpfennig gut sein sollte, den man beim Auftakeln unter den Mastfuß legte, das hatte ihm noch nie jemand plausibel machen können. Doch als er es mal vergaß, quälte ihn sein schlechtes Gewissen so sehr, daß er Pfingsten in Strande unter den Kran verholte, den Spargel kurz anhievte und die Münze drunterschob. Teu, teu, teu!

Natürlich wußten er und die anderen von der Woterkant, daß vom Mastkratzen kein Wind kommen konnte – physikalisch gesehen. Aber immerhin – *schaden* konnte der Versuch doch auch nicht. Also tat man es gelegentlich verstohlen.

Ganz gegen den guten Ton war es, auf See die Reisedauer vorauszurechnen. Wenn Frieda am Flensburg-Feuerturm bescheiden anfragte, ob sie schon die Kartoffeln aufsetzen dürfe (damit in Sonderburg das Mittagessen fertig war), fuhr Gustaf sie grob an: „Auf See wird nicht gerechnet, Frau!“ Vorausrechnen hieß das Schicksal berufen und die Götter ärgern. Deshalb wurde an Bord der SINDBAD auch nie der Name des Zielhafens laut ausgesprochen. Ebenso wie es streng verpönt war, den Wind oder das Wetter zu loben. Auch war der Freitag mit Vorsicht zu genießen. Und am 13. auszulaufen, wäre Gustaf nicht mal im Traum eingefallen.

Sogar vor den Frauen mußte man sich an Bord in acht nehmen – in früheren Zeiten sollten sie dem Schiff Unglück gebracht haben. Gustaf versuchte das peinliche Vorhandensein gleich zweier Weibsen auf der SINDBAD dadurch zu kompensieren, daß er den Mond (der bekanntlich der Freund aller

Schiffer ist) höflich durch Abnehmen der Mütze grüßte, wenn er nachts mal an Deck mußte.
Schwarze Katzen gibt es auf dem Wasser gottlob nicht. Aber *wenn* Gustaf dort mal eine treffen sollte – na ja, von *rechts*, das machte nichts; höchstens von *links* – dann würde er sich eben rasch dreimal über die linke Schulter spucken. Dann konnte ihm nichts passieren. Sicher ist sicher!
Nein, abergläubisch waren Gustaf, Heini und Fiete eigentlich nicht. So mit Horoskop lesen, Holz anfassen oder unnern Disch kloppen. Wat 'n Bleudsinn – nee, Spökenkiekerie wor nix för Seelüd.

Plakettensegeln

Über die olympische Idee hat Gustaf sich so seine eigenen Gedanken gemacht: Sport, so findet er, Sport ist Mord. Damit hat er seine Ansichten über den Leistungssport wohl deutlich genug dargelegt. Insbesondere *Segeln* ist in seinen Augen kein Sport, sondern Weltanschauung. Es wird erst Sport, wenn es anfängt, nach Tribüne, Anabolika, Krafttraining und Ruhm der Nation zu riechen, also anrüchig. Wer heute den Kugelstoßerinnen den Busen verkümmert oder den Schwimmern zwecks Auftriebserleichterung die Eingeweide aufbläst, kappt morgen vielleicht den Hürdenspringern den störenden „kleinen Unterschied". Und übermorgen den Seglern den Kopf – als überflüssigen Windfang. Pfui!
Gustaf meint, man soll das Segeln um seiner selbst willen betreiben und nicht, um damit die schippernde Menschheit in Erste, Zwei-

te, Letzte und Vorletzte zu gruppieren. Er selbst würde sich auch nie als Sportler sehen, sondern mehr als einen Freizeitseemann oder so 'ne Art Ostsee-Schlimbach.
Das hektische Getriebe der Regattalöwen ist ihm völlig schnuppe. Nur wenn man ihn zwingt, davon Notiz zu nehmen – sei es anläßlich der Kieler Woche (wo er seinen Liegeplatz räumen muß) oder zur Olympiazeit (wo ihm das Getue im Fernsehen stinkt),

beunruhigt es ihn. Mann, wenn das Schule macht, dann Tschüs Romantik der Seefahrt! Dieser tierische Ernst, diese Verbissenheit beim Kampf um das Stück Blech. Un wat dat allens kosten deiht, Mann in de Tünn!
Dabei haben diese Burschen keine Ahnung von Seemannschaft! Gustaf hat in Schilksee mal zugesehen, wie die Solings anlegten: Düwel ok, mit *full speed* und stehendem Groß an den Steg. Vorleine dreimal um den Pfahl getüdelt, mit 'nem Ziegenknoten festgemacht, Plünnen stehen lassen und mal erst marschmarsch ab in den Bierkeller. Keine Dirk, Fender Fehlanzeige – Mann, wie das bumste und knirschte!
Gustaf findet, wenn schon olympische Regatten, dann 300 Meilen über See, mit richtigen Schiffen, die sich reffen lassen (und auch gerefft werden, wenn's weht). Und sie sollen auch nicht vorm Start zersägt werden – zu Kontrollzwecken! – wie in Montreal. Nee, Segeln soll Spaß machen, weiter nichts, ohne blöden Plaketten-Fetischismus. Und niemand soll siegen müssen – zur Ehre von Fidel Castro oder Helmut Schmidt oder zum Wohl irgendeiner Grande Nation. Auch nicht, weil der Sieger hinterher (vielleicht) zum Leutnant gemacht wird. Und erst recht nicht, um Sportschuhfabrikanten und Schnapsbrennern ihre ohnehin schon goldenen Nasen zu polieren.
„Sieg oder Niederlage" – igittigitt, wat schmeckt dat eisenhaltig. Nee, meint Gustaf, man soll aus dem Blech für die Plaketten lieber nützliche Gegenstände herstellen, Küchenkram, Wecker oder Kotflügel. Oder Nachtpötte.

Kompaßwetter

Den Einfluß des Wetters auf den menschlichen Organismus hat die Wissenschaft neuerdings erforscht und „Biotropie" getauft. Gustaf liest das seit je vom Kompaß ab. Aber es muß der richtige sein.

Zu Weihnachten haben ihm seine Frauen einen schönen, neuen Yachtkompaß geschenkt. Mit Beleuchtung, Peildiopter und Grid. Aber er freut sich nicht besonders darüber, denn da sind nur Grade drauf und keine Striche. Das sei modern, hat der Verkäufer den Mädchen erklärt. Doch was versteht denn der von Gustafs Kompaß-Biotropie!

Einen Sommer lang benutzte Gustaf das Ding. Dann verschwand es klammheimlich in der Backskiste, und der olle petroleumgefüllte Fluidkompaß mit seiner schön gemalten Rose, dem barock geschnörkelten Nordpfeil und der vertrauten Stricheinteilung wurde hervorgeholt. Mann, dat is direkt „Segeln mit Musik!" Zum Peilen und Ansteuern mögen Grade vielleicht ganz gut sein. Aber biotropisches *Segeln* – das geht nur nach Strichen. Denn dazu braucht man den Wind. Und der kümmert sich nicht um Grade. Oder hat schon mal jemand einen 225-Grad-Sturm erlebt? Quatsch, das war der Südwest, der da blies, und darunter kann man sich etwas vorstellen.

Nordenwind zum Beispiel bedeutet für Gustaf: zaghafte Katzenpfoten auf dem Wasser, umlaufenden Küselwind, der aus Dänemark kommt und meist gutes Wetter bringt, aber zum Segeln nicht recht taugt. Gustafs Stimmung ist deshalb mau. Doch wenn der Wind nach NNO ausschießt, freut sich der Skipper. Dann folgt am nächsten Tag das langerwartete Hoch mit kühlem, strammem *Nordost* aus Finnland. Der bringt ihnen Passatwind Stärke 5 mit Sonne und weißen Kumuluswolken. Gut für die Heimreise – da rauscht man in einem Törn von Anholt durch bis Kiel. Bei NO schäumt Gustafs Blut. NO ist gut für seinen Blutdruck.

Aber Beeilung: Schon bei O – OSO baut das Hoch ab! Und beim Weiterdrehen auf *Südost* muß man sich vorsehen. Häsige Luft, Schwüle, Gewitterneigung. Da gibt es leicht Krach mit Frieda, und auch Julchen wird plötzlich kiebig. Nee, SO mag Gustaf nicht. Da trinkt er viel Köm zur Beruhigung und als Zaubermittel gegen Gewitter, die natürlich trotzdem kommen. Wenn die Böen dann endlich vorbei sind und der Mast noch steht, wird die Luft meist flau und dreht auf Süd. *Südwind*, der macht Kopfschmerzen und taugt nichts. Da bleibt man besser im Hafen liegen, badet und lutscht Flöde-Eis.

Nachts fangen die Wanten plötzlich an zu pfeifen. Aha, der *Südwest* ist da. Dann klettert Gustaf eilig in Unterhosen an Deck und sieht nach Anker und Leinen. Frühmorgens hängt er am Radio und hört die Seewetterberichte auf Grenzwelle ab: Schietwetter! Höchstens gut, wenn man nach Norden will. Mit kleinem Zeug hinter Bülk gut West machen, dann raumschots über den Stollergrund und im Windschutz der Küste nach Schleimünde oder Sonderburg. SW dauert meistens drei Tage, bringt Wind 6 bis 7 und viel Regen, oft auch kaputte Plünnen, nasse Hintern und dem Skipper Hämorrhoiden. Wenn man Zeit hat, hockt man deshalb besser in einem sicheren Hafen unter Deck, tröstet seine Mannschaft und hofft auf Gottes Gnade.

SW macht Gustaf hochgradig nervös. Was will der Wind? Alle Stunde klopft er ans Barometer und blickt zum Stander: Geht er auf West? Oder krimpt er zurück über SSW auf Süd, um das nächste Tief einzuläuten?

Gottlob, am nächsten Tag dreht er auf *West,* immer noch harte 7 Beaufort, aber Gustaf weiß jetzt, was anliegt – das Wetter hat sich ausgetobt. Morgen gibt es *Nordwest,* das klassische Rückseitenwetter, kalt, windig, mit Sonnenfetzen, aber zugleich auch den Abzug des Tiefs signalisierend. Gustafs Herz lacht, er könnte heute Bäume ausreißen! Wohl dem, der jetzt von Sonderburg nach Kiel will: Reff zwo, kleine Fock und ab die Post; so günstig kommt es so bald nicht wieder. Da er aber nach Norden will, wartet Gustaf lieber noch einen Tag. Dann hat die Sonne sich durchgesetzt, es flaut ab, der Wind geht auf NNW, später *Nord,* siehe oben.

So reguliert Gustafs altmodische Kompaßrose sein leibliches und seelisches Wohlbefinden. Komisch, was NOzO alles zustande bringt. Hätten 56 Grad niemals geschafft.

Messefieber

Immer wenn eine Bootsausstellung naht, wird auch Gustaf von jenem geheimnisvollen Virus heimgesucht, der bei Skippern das Messefieber auslöst. Gustaf wird dann ganz unruhig, blättert tagelang vorher in Zeitschriften, Bootskatalogen und Offerten, um sich auf den großen Wasserzirkus vorzubereiten.

Endlich ist es soweit: Gustaf nimmt die (widerstrebende) Frieda beim Arm, und es geht los. So ein Messe-Rundgang dauert ziemlich lange, denn Gustaf bewegt sich nach Art der Echternacher Springprozession – drei Schritte vor und zwei zurück. Bis er alles aus mindestens drei Perspektiven betrachtet hat. Ein Verfahren, das bei der Fülle des Gebotenen Frieda bald auf die Nerven geht.

Aber merkwürdig – je länger ihre Miene

wird, desto brummiger wird auch ihr Käptn, obgleich der doch, endlich im Traumland seiner Wünsche angelangt, vor Lust zerschmelzen müßte. Denkste! In den Hallen mit den Jollen, dem nautischen Zubehör und sonstigem maritimen Krimskrams ist er noch ganz munter. Aber je größer und dikker die Pötte werden, desto tiefer sinkt sein Frohsinn in die Hose. Er muß immer an seine SINDBAD denken. Und das macht ihn echt sauer.
Am leichtesten überwindet er seinen Zoff noch bei den leichtgewichtigen Hochseerennjollen, den flunderähnlichen Tonnerklassen mit ihren blöden Kielstummeln und Spatenrudern. Er stellt sich dabei genüßlich vor, was passiert, wenn sie mit diesen Schwimmflossen an Stellnetzen und Hummerkörben hängenbleiben. Ha, ha!
Doch wenn dann die stebigen, langkieligen Tourenschiffe kommen, ist es um ihn geschehen: Nichts stimmt ihn melancholischer als der makellose Strak eines klassischen Kutterrumpfes. Und der Anblick eines fangnetzbewehrten Bugspriets gar! Hinzu kommt, daß Gustaf ein Messing-Fetischist ist. Und Messing gibt's genug zu sehen, seitdem putzleichte Chromteile nicht mehr „in" sind. Nee, Gustaf wird von Halle zu Halle immer mürrischer.
In Halle 12, wo die ganz dicken Schiffe aufgebahrt sind, kann er sich nur noch grimmig am Gesäß kratzen (der Kopf ist anderweitig beschäftigt): Mann, wat hett de Landschaft sich verännert! Vor ein paar Jahren noch konnte man von oben in die Kähne hineinsehen, wenn man sich auf die Fußspitzen stellte. Später mußte man dazu auf ein

Treppchen steigen. Dann auf eine Stellage klettern. *Jetzt* aber kommt man ohne Leiter (und Einladung!) überhaupt nicht mehr an Deck.
Da steht Gustaf nun wie Gulliver im Land der Riesen: Über sich den schwarzen Bauch eines 40-t-Motorseglers, zur Rechten die Eigernordwand eines geilweißen 60-ft-Schoners, voraus der wohlgeformte Mammuthintern eines mächtigen Spitzgatt-Trawlers. Und ringsum das ganze Panorama hoch in den Himmel ragender, unnahbarer Wände aus Kunststoff, Eisen, Aluminium und Zement.
Dazwischen steht Gustaf ganz klein, den Kopf in den Nacken gelegt. Er schnuppert vergebens nach dem erdnahen Duft von Eichenholz, Xylamon, Teer und Petroleum. Bei dem Gedanken an seine olle SINDBAD wird er noch kleiner. Und als Frieda ihn an die Hand nimmt und tröstend zur Heimkehr mahnt, ist er fast im Erdboden versunken – erschlagen, zerquetscht, erwürgt von der schaurigschönen Urgewalt der Halle 12.
Zu Hause sitzt er dann traurig auf dem Sofa wie die alte Frau Palm – de Piep verstoppt und de ganze Bude voll Qualm –, und er weiß, daß er Sonntag nicht zur SINDBAD ins Winterlager gehen wird. Er muß erst mal das Messefieber ausschwitzen. Vielleicht nächstes Wochenende.
Merke: Großes macht klein. (Horaz)

Farbenlehre

„Sie sind grü-hüün . . .“, tönt es aus dem Radio. Gemeint sind die Marsmännchen, die man ob ihrer grünen Farbe nicht verachten soll. Alles Quatsch, meint Gustaf. Die Marssonden der Amis haben gezeigt, daß es keine Marsmenschen gibt. Weder grüne noch überhaupt. Und gegen grüne Farbe hat sowieso niemand etwas. Höchstens Frieda, aber nur, weil Gustaf die vom Streichen der Blumenkästen übriggebliebene grüne Soße auf sein Deck und Kajütdach geschmiert hat, wodurch die SINDBAD das Aussehen eines Salatbeetes erhielt.
„Grün beruhigt“, sagt Gustaf, „Krupps GERMANIA war schon vor 25 Jahren grün“. Doch Frieda ist so leicht nicht auszutricksen. „Hör auf mit Krupp“, sagt sie, „bei dir ist das reiner Geiz – bloß keine Farbreste wegwerfen!“ Außerdem ist Gustafs Grün Spinatgrün, und Krupps Grün war Lindgrün oder Seegrün, also was viel Besseres. Die SINDBAD ist ein Papagei geworden. Und Gustaf ein Papagallo. Hugh! – Ja, so ist die Frieda: zärtlich wie ein eingefrorener Hydrant.
Verdammtes Weibervolk, denkt Gustaf. Seit

ihrer Hochzeit hat er Friedas wegen die Flanken seiner SINDBAD schneeweiß pönen müssen, jawoll – kalkig wie dat Antlitz einer Jungfrau, die merkt, dat sie keine mehr ist. Mann, was hat er sich über den Masut-Dreck des Kieler Hafens geärgert, den er jeden Sonntag von SINDBADS Alabasterleib abschrubben mußte. Wütend beschließt er: Jetzt wird der ganze Kahn *grün* gestrichen. Von ihm aus in Seegrün – Friedas Hoffnungsfarbe. Oder in Blau – damit se wat zum Glauben hat. Aber mit Weiß ist jetzt Schluß! Er wird ihr's zeigen, jawoll!

Am nächsten Tag trifft er auf dem Steg einen von der Uni, der studiert auf Architektur. Nee, meint der, Grün paßt nur für Förster – auf dem Wasser ist es gemeingefährlich, da hier die Intensität der Irradation durch den Feldüberstrahlungseffekt . . . „Is gut", unterbricht Gustaf ihn, „und wat is mit Blau?" Der Farbenmensch zuckt zusammen. – Blau auf dem Wasser? Ob Gustaf ganz klar im Kopf ist? Dann kann er seinen Dampfer gleich schwarz anmalen und nachts als Blockadebrecher Schnaps nach Ärö fahren. Was hat der Leiter des Farbpsychologischen Instituts ihnen beigebracht? Schwarz und Blau sind Zeichen des Protestes gegen soziologische und politische Traditionen.

Quatsch, denkt Gustaf, protestieren will er nicht und blockadebrechen auch nicht. Und im Wald segeln erst recht nicht, höchstens mal 'nen Jägermeister vernaschen. Aber wie wär's denn mit Rot? Das ist doch die Farbe der Liebe, nöch?

Nein, meint der Farbmixer, Rot macht ag-

gressiv, fördert die Adrenalinausschüttung und eskaliert den Blutdruck. Rot müßte als Farbe ganz verboten werden. Überall – auch für Autos.
Also nix mit Liebe, resigniert Gustaf. Aber was dann? Grau? Lila? Gestreift? Das ist doch modern.
Nein, sagt der Archi: *Weiß!* Classicweiß hat den höchsten Auffälligkeitsindex bei Tag und bei Nacht. Allenfalls noch Zapfengelb oder Stratosilber. Aber besser ist Classicweiß.
„Ach, mein Guter“, sagt Frieda, als Gustaf im Herbst fünf Kilo Gletscherweiß kauft (Classicweiß und Zapfengelb führt sein Drogist nicht), „*Weiß* – meine Lieblingsfarbe – die Farbe der Unschuld!“
Es ist nicht ganz deutlich zu verstehen, was Gustaf hierauf antwortet. Es ist was mit Bleudsinn, Masut und gewesenen Jungfrauen. Und der Schluß klingt verdammt wie „Klei mi an'n Mors!“ Aber das würde Gustaf nie sagen. Auch nicht zu Frieda.

Seufz!

Kennen Sie das auch? Immer wenn das Segeln am schönsten ist, holen die Gören ihre Schmöker raus und lesen. – Soweit man das Entschlüsseln fragmentarischer Sprechblasen überhaupt „lesen“ nennen kann. Besonders seit Julchen ihr eigenes Boot hat, langweilt sie sich auf Gustafs SINDBAD. Oder sie tut jedenfalls so. Mal muß zur Gesellschaft eine Freundin mitkommen (auch wenn sie die an Land nicht ausstehen kann), mal will sie „heute aber *nur* bis Strande“. Wenn irgend was nicht nach ihrem Wunsch verläuft, verschanzt sie sich hinter Asterix, Donald Duck und Speedy Gonzales und redet von nun an mit fremden Zungen.
Gustaf stinkt das Getue gewaltig. Schon am Laböer Ehrenmal geht das los: „Fock dicht!“ – „Seufz!“ „Komm Kaffeetrinken!“ – „Schlürf!“ Zum Abendbrot sagt sie „Mampf!“ und als Gutenachtgruß „Schnarch!“ Schnüff, Peng, Boinng, Wauw und Grunz – das ist ihr ganzer Wortschatz von Kiel bis Schleimünde.
Gustaf ist bisher nicht dahintergekommen, woher das dämliche Gör diese Lektüre immer bekommt. „Laß doch“, begöscht ihn Frieda, „das sind nur harmlose Groschenhefte. Die lesen doch alle Kinder.“ Als Gustaf ein solches Traktat aber mal gründlich inspiziert, entdeckt er, daß sie zwei bis drei Mark kosten, und das macht ihn noch stutziger. Seitdem hat er Frieda in Verdacht, mit Julchen zu kollaborieren. Und das findet er gemein.

Querab von Bülk hockt Julchen zusammengekrümmt mit „Flox und Trixi“ in einer Cockpitecke. Es ist Ostenwind, die flaschengrüne See schäumt wie Sekt – Segeln wie auf den Bahamas! Doch Julchen ist verzaubert von Tüfteltheo und Klotzkanone. Beim Kiel-Feuer räumt der Wind, und sie soll den Ballon setzen. Der Skipper muß es dreimal sagen. Erst dann sagt sie „Schnüff!“ und legt maulend „Speedy Gonzales“ aus der Hand. Die SINDBAD rauscht jetzt ab wie die Feuerwehr, die Seen haben sich zahnpastaweiße Kapuzen aufgesetzt, und selbst Frieda lächelt zufrieden. Doch Julchen studiert „Asterix“ und sagt zu Gustafs Anker „Hinkelstein“.

Zwei Stunden später am Sperrgebiet vor Schönhagen – Gustaf genießt die warme Sonne über der blauen See – ist sie schon bei den härteren Sachen angelangt und mampft gierig einen Batman namens „Fantom“. Und beim Einlaufen nach Schleimünde muß Frieda ihr ein blutrünstiges Machwerk, das den Namen „Die Nacht der mordenden Gespenster“ trägt, förmlich aus den Händen winden. „Uaaah! Ausgerechnet mein Gruselkrimi!“ sagt Julchen und begibt sich mürrisch an die Fallen.

Nachdem sie an der Giftbude festgemacht haben, motoren Gustaf und Frieda mit dem Dingi nach Maasholm zum Einkaufen. Als sie abends nach Schleimünde zurückkehren, ist Julchen nicht an Bord der SINDBAD. Wo mag sie nur sein? Nach langem Suchen finden sie das Töchting dann endlich am Strand, zwischen kreischenden Möwen und Seeschwalben im Sand hockend – mit glasigen Augen dieser Welt vollends entrückt. In der Hand hält sie „Die Blutgärten von Sodom“ und stöhnt heiser „Zitter, zitter!“. Gustaf schwellen die Adern an den Schläfen dunkelblau an, und sein Gesicht kriegt die Rostfarbe einer eisenhaltigen Heilquelle. Aber Frieda drückt das arme Kind an den mütterlichen Busen und tröstet es liebevoll. „Ist ja unsere Schuld“, sagt sie, „was mußten wir auch nach Maasholm fahren“.

Merke: Ein edler Mann wird durch ein gutes Wort der Frauen weit geführt. (Goethe)

Der Ring des Polykrates

„Mist“, sagte Frieda, „immer dieser Regen! Ich will endlich mal dorthin, wo die Sonne scheint.“
Mit Gustafs Gesicht konnte man Eier abschrecken, so sehr hatte ihn Frieda geschockt. „Vielleicht an die Kot Azür?“ fragte er ahnungsschwanger und sah bereits in seinem Portemonnaie die Sonne für immer untergehen. Doch was soll's – die Frauen setzten sich durch: Kot hin, Kot her – der *Süden* lockte.
So mieteten sie also einen Motorkahn in Aigues-Mortes und daddelten damit ein bißchen durch die Camargue. Es gab viel Sonne, Mücken und wenig Service. Als die Butter im Kühlschrank schmolz, das Trinkwasser knapp wurde und ihr Gehirn Blasen warf, wechselten sie die Tapeten. Sie besuchten den historischen Fischerhafen Sète und danach den riesigen Salzsee Etang de Thau, wo sie der Mistral zwei Tage in Mèze einwehte. Dann verloren Flamingos, Austernbänke und Salzstaub in der Koje ihren Reiz, und Gustaf zog es ans offene Meer. Wenn man schon mal da unten war. Über Agde, Béziers wollten sie nach Port-la-Nouvelle, wo der Canal Midi ins Mittelmeer mündet. Endlich mal wieder echte Schleimünder Seeluft atmen!
Abgesehen von der siebenstufigen Treppenschleuse bei Béziers hatten sie mit Schleusen – der Schrecken Frankreichs – bisher wenig Kummer gehabt. Doch auf dem kurzen Schenkel zum Meer erwarteten sie 14 Stück auf 32 km – gespickt mit Schikanen. Mittendrin fließt der Kanal sogar echt unter den Häusern von Narbonne hindurch. Ein ziemlicher Schweinkram, aber Julchen hatte ihren Spaß daran. Und das Abwärtsschleusen war recht einfach.
Port-la-Nouvelle entpuppte sich als stinkender Handelshafen. Und das Mittelmeer als bleierner Teich von grauer Farbe und öliger Konsistenz. Daher begab man sich bald auf den Rückweg. 14 Schleusen bergauf! Das war ein anderes Ding: Was abwärts ein Vergnügen war, erwies sich aufwärts als Strafe Gottes. Und bei Narbonne passierte es dann, das Ding mit dem Ring. Da nahm ihnen beim Einlaufen in die Schleuse kein hilfsbereiter Schleusenwärter die Fangleine ab. Statt dessen wies ihnen ein barsch ausgestreckter Zeigefinger einen Platz an der jenseitigen Schleusenmauer zu, weil an der anderen Seite schon eine *péniche* (Lastkahn) und eine Schweizer Motoryacht festgemacht hatten.
Gustaf wollte beim Wärter protestieren, denn an der ihm zugewiesenen Seite war keine Leiter. Wie sollte Julchen mit der Leine die sechs Meter hohe, glitschige Mauer erklimmen? Doch der verdammte *gardien d'écluse* hatte es bannig eilig. Er drehte achtern das Tor dicht und vorn

die Schieber auf – und schon schoß die Entengrütze des Kanals donnernd ins Schleusenbecken, wo Gustaf mit seinem Kahn alsbald Karussell zu fahren begann. Die Weiber schrien hysterisch; das Heck krachte gegen das Balkenwerk; Gustaf gab Gas, kam von der Wand frei – und rammte auch schon mit dem Steven vierkant die Schweizer Lustarche.

Eine echte Gnäfrau hüpfte dortselbst wie ein Kugelblitz an Deck hin und her, um einen Fender geschickt an der falschen Stelle zu plazieren. Mit Erfolg – GFK knirschte auf Polyester! Dazwischen ein mörderischer Schrei: „Mein Ring!"

Ja, ihr Ring. Der lag im Teich. Ein dreiviertelkarätiger Klunker in Platin gefaßt. Und Gustaf hatte angeblich schuld. Scheunen Schiet.

Draußen vor der Schleuse legten beide Schiffe an, um den Schaden zu klarieren. *Gardien*, Helvetier und Deutsche diskutierten lautstark und polyglott die Schuldfrage. Dabei fielen Ausdrücke wie Kretin und Boche, die der dolmetschende Schweizer Skipper ebenso höflich unterschlug wie Gustafs Morskopp und Schietenkleier. *Comme il faut*, man war in Frankreich.

Während die Männer sich stritten, hatte Julchen ihr Angelgeschirr ausgekramt, einen Köder angesteckt und die Schnur außenbords gefiert. „Muß denn das dumme Gör ausgerechnet jetzt angeln?" raunzte Gustaf unwirsch.

„Laß sie doch", sagte Frieda, „sie meint, sie fängt den Fisch, der vielleicht den Ring verschluckt hat – den Ring des Pollü . . ." –

„Polykrates", sagte Julchen und fischte weiter. Man konnte ja nie wissen.

Die restlichen Schleusen bewältigte Gustaf ohne Unfall, da er Julchen jetzt immer *vor* der jeweiligen Schleuse an Land setzte, damit sie ihn beim Einlaufen am Kai erwarten und die Leinen übernehmen konnte. Ans Mittelmeer wird er wohl so bald nicht wieder fahren. Man kann die Sonne ja auch im *Herzen* haben. Und den Fisch, der den Ring des Polykrates verschluckte, hat Julchen natürlich auch nicht gefangen.

Nautiquatsch

Jeder kennt so dumme Schnäcke wie: „Ahoi, riefen die Matrosen und hüpften von Mast zu Mast, während der Kapitän auf der Reling spazierenging, wo er seine Schätze vergraben hatte.“ Niemand denkt sich was dabei. Schlimm wird es nur, wenn in der sogenannten Seemannsliteratur solch Blödsinn auch noch gedruckt wird. Meistens liegt es am Übersetzer. Doch auch einheimische Wasserpoeten verzapfen manchmal dicke Bolzen.
Gustaf liest gerade mit wachsendem Unmut einen Schmöker, der im vorigen Jahrhundert spielt. Da wimmelt es nur so von Passagen wie diesen:
... die Brigg hatte alle Toppsegel gesetzt und lavierte 8 Strich am Kompaß mit Kurs Ost zu West in der kochenden See ... während der Wind recht voraus wehte, stand der Steuermann wachsam auf dem Vorderkastell und starrte in den dichten Nebel ... vom Tabernakel her läutete es fünf Glas ... trimmt den Besan, rief der Kapitän, ich will versuchen, hier den Anker zu werfen ... laßt uns schnell die Oberrahen abtakeln, es naht ein Sturmwind ... als der Kielbalken sich knirschend zwischen die Felsen bohrte, befahl der Schiffer, den Lustkutter auszusetzen, um die Passagiere damit sicher an Land zu rudern ...

Bisher hat Gustaf sich noch mühsam beherrschen können. Dann aber bleibt ihm die Zeile im Auge stecken, wo die Gattin des Kapitäns in den starken Armen des (sie seit Reisebeginn überaus heftig, aber erfolglos umwerbenden) 2. Steuermannes inmitten brausender Wogen und splitternder Masten dem nassen Seemannstode preisgegeben wird. Da zuckt Gustaf zurück, als sei er versehentlich auf eine Volksausgabe von Lady Chatterley gestoßen.
Er kann die Tinte nicht mehr halten und greift spontan zu Feder und Papier. Und schreibt einen saugroben Brief an den Münchener Verlag: Schämen sollen sich die sehr geehrten Herren, steht da drin, soviel Geld für ein Buch zu verlangen, in dem lauter Quatsch steht. Als ob es nicht genügend pensionierte Kapitäne gäbe, denen man das Manuskript zur letzten Durchsicht geben könne. Oder erfahrene Segler, um den Übersetzern oder Autoren etwas zur Hand zu gehen, was besonders bei einem Schmarren wie diesem mehr als nützlich erscheine. Doch wer nun denkt, der Verlag habe sich Gustafs Anregungen einsichtsvoll hinter den Ohren notiert und ihn dankerfüllt zum Ehrenlektor ernannt, hat sich gewaltig in den Teerpott gesetzt. Erst mal haben diese bajuwarischen Büchermilben sich acht Wo-

chen lang in ihrem Schreibtisch versteckt. Und dann haben sie ihm folgendes geantwortet:
Werter Leser, wir bestätigen dankend den Erhalt Ihres Schreibens, aus welchem wir zu unserem Erstaunen entnehmen durften, daß Sie mit einzelnen Passagen unseres Buches ‚Seemannslos' nicht ganz einverstanden sind. Unser Übersetzer, der einer alten Kapitänsfamilie entstammt und außerdem Reserveoffizier der Bundesmarine ist, hat schon viele Stoffe aus dem Seefahrermilieu für uns ins Deutsche übertragen, ohne daß uns jemals Beanstandungen bekanntgeworden wären. Er hat uns ausdrücklich versichert, daß alle nautischen Ausdrücke absolut korrekt übersetzt wurden, was ihm auch schon durch zahlreiche Dank- und Anerkennungsschreiben aus Schiffahrtskreisen bestätigt worden ist. Im übrigen ist die gesamte Auflage o. a. Buches ausverkauft, so daß Diskussionen über den Inhalt ohnehin nur noch theoretische Bedeutung zukommt. Wir hoffen, Sie mit diesen Ausführungen von der Haltlosigkeit Ihrer – sicher gutgemeinten – Kritik überzeugt zu haben, und würden wir uns freuen, Sie auch weiterhin zu den treuen Lesern unserer Verlagserzeugnisse zählen zu dürfen. Ein Prospekt aller Neuerscheinungen ist als Anlage beigefügt. Hochachtungsvoll, gez. Unterschrift.
Merke: Erst durch Lesen lernt man, wieviel man ungelesen lassen kann. (Wilh. Raabe)

Königliches Bad

Es war im letzten Sommer, als Frieda – ungewollt – ein königliches Bad nahm. Das Bad indes war weniger königlich als die Badewanne. Diese war nämlich „The Royal Thames" persönlich. Präzise gesagt: Ihrer Britischen Majestät altehrwürdige Sonning-Schleuse, mitten auf der majestätischen Themse, zwischen Henley und Reading, dort, wo England noch fast so aussieht wie zu Zeiten Queen Victorias.
Frieda hatte dieser Urlaubsfahrt mit gemietetem Hausboot auf „der Welt berühmtestem Fluß" mit großem Unbehagen zugestimmt. Sie waren nur zu zweit, es war so weit weg, und dann die vielen Schleusen! Alles elektrisch, hatte Gustaf gesagt. Aber Schleuse blieb Schleuse, ob nun elektrisch oder zum Kurbeln. Doch Gustaf hatte gesiegt – wer hätte daran auch zweifeln wollen.
Das Boot erwies sich als riesige, schwimmende Gartenlaube, in der man recht komfortabel lebte. Um so schlechter war es um die Sichtverhältnisse bestellt, denn der Kahn wurde von innen gesteuert, und die Sicht nach achtern war wie bei einer Straßenbahn. Nämlich nicht vorhanden.
Ein Dutzend Schleusen hatten sie schon passiert. Eton College, Windsor Castle und lovely Maidenhead waren besichtigt. Dann aber, beim Verlassen der Sonning-Schleuse, passierte es: Frieda fiel über Bord.
Eigentlich war dies gar nicht möglich. Sie hatte beim Auslaufmanöver nichts weiter zu tun, als die um den achteren Pfahl auf Slip gelegte Leine einzuholen, sobald Gustaf vorn losgeworfen hatte und mit der Maschine voraus ging. Doch diesmal schien es Gustaf, als hinge der Pott achtern an irgend etwas fest. Er gab einen Zahn mehr Gas – dann ging es mit sanftem Ruck.
Als er die Schleuse verlassen hatte, wunderte er sich, daß Frieda sich nicht bei ihm zurückmeldete. Er rief nach ihr, erhielt aber keine Antwort. Um nach achtern sehen zu können, mußte er den Ruderstand im Schiffsinneren verlassen und im Vordercockpit auf eine Ducht klettern. Erst von hier aus konnte er überblicken, was sich achtern tat. Aber es tat sich nichts: Frieda war weder dort noch sonstwo.
Doch da winkte der Schleusenwärter wie toll! Und sein Gehilfe zerrte gerade eine offensichtlich weibliche Person aus dem Teich und über die Kante der Schleusenmauer ins Trockene.
Gustaf bugsierte seine Arche über den Achtersteven ins Schleusenbecken zurück, wo ihm die bibbernde und leicht verstörte Frieda ausgehändigt wurde. Auf seine Frage, wie das passieren konnte, antwortete sie nur: „. . . die Trosse . . .!" Da an ihr alles heil zu sein schien, dampfte Gustaf gleich

wieder los. In Reading wollten sie dann zur Nacht festmachen.
Doch so weit kamen sie nicht. Beim Ausziehen der nassen Klamotten stellte sich heraus, daß die rauhe Perlontrosse einen tiefen, blutenden Ring um Friedas Fessel gekerbt hatte. Zudem begann der Fuß wie eine Melone anzuschwellen. Anscheinend hatte Frieda mit einem Bein in der Trossenbucht gestanden, als die Leine ausrauschte. Dabei hatte sich die Schlinge zusammengezogen und Frieda blitzartig ins Wasser gerissen.
Mann, was war Gustaf wütend! So 'n Blödsinn, einfach in die Trosse zu treten! Jeder Moses lernte das als erstes. Überdies war es Sonnabendnachmittag, und sie waren in merry old England, wo ab Freitagmittag kein Mensch mehr was tut – am allerwenigsten ein Doktor.
Gustaf steuerte deshalb rasch das Ufer an, wo er den Dampfer zwischen zwei Bäumen festband. Zuerst verarztete er Frieda so gut er konnte mit Bordmitteln. Er wusch die Wunde aus, riß ein Unterhemd in Streifen und legte damit einen Notverband an. Dann bandagierte er den dicken, blauangelaufenen Klumpfuß und hängte die nassen Sachen im Cockpit zum Trocknen auf. Die warme Abendsonne schien friedlich ins Boot; die kgl. britischen Schwäne kamen zum Füttern; Gustaf vergaß seinen Zorn und tröstete sein Kahnweib mit einem Mokka-Spezial und einer Prise ungewohnter, spröder Zärtlichkeit.
Am nächsten Morgen kauften sie in Reading Wundsalbe, Binden und Pflaster sowie einen großen Filzlatschen für die geschwollene Haxe. Danach aßen sie das britische Nationalgericht *fish & chips* aus der obligaten Zeitungspapiertüte. Und dann setzten sie die Reise fort, weil man nun doch schon mal da war.
Frieda humpelte noch ein Jahr. Und die helle Kerbe um die Fessel sieht man heute noch. Seitdem haßt sie Schleusen noch mehr. Auch elektrische. Und sie tritt nie mehr in eine Trossenbucht. Sagt sie.

Urlaubsfreuden

„Die Ostsee erstickt", schreiben die Biologen, „alles Leben darin stirbt in Kürze." Gustaf zieht ein Kaninchen aus dem Hut: die Pressenotiz seines Landespatriarchen (den sein Volk liebevoll „Schnullermund" nennt). Der verkündet dort schwarz auf weiß, daß alle Küstenstreifen bei uns prima sauber sind und man an manchen Stellen sogar (fast) wieder baden kann.
Gustaf weiß nicht, wer recht hat, Biologen oder Bürologen, und ob sie jemals vor Bülk geankert haben. Dort stinkt's nämlich. Und

nicht nur dort. Den Fischen, die dort schwimmen, sieht man an, daß sie schon einmal den Weg durch den menschlichen Körper gegangen sind, was ihre Metamorphose höchst nachteilig beeinflußt hat.

Wer will es Gustaf verargen, daß er sich deshalb mehr nordwärts orientiert? Wo die Fische die Prozedur des Verdautwerdens noch vor sich haben; wo die Häfen nach echtem Teer riechen und nicht nach dem qualmenden Auspuff von Otjes Zweitakt-Bordgenerator, der zu Hause neben der SINDBAD die Luft verpestet.

Doch was er im Norden erlebt, paßt wenig zu seiner Vorstellung von der Freiheit der Meere: In der Geltinger Bucht haben ankernde Tankerleichen fast das Fördewasser verdrängt. Munki, der Hafenschaut vom Sonderburger Yachthafen, hat statt freier Pfähle nur den schamlosen Rat, es mal vor der Margarinefabrik zu versuchen. Pfui! Im Kleinen Belt sind die Quallen so groß wie Klosettdeckel; vor Samsö färben kilometerweit Fungi-Kolonien das Wasser rot; auf Anholt herrscht das Altonaer Faustrecht. Und die dänischen Hafengelder könnten sogar einen Verfassungsschützer glatt zum Bombenlegen animieren.

Gottseidank haben wir ja noch die Nordsee. Was Gustaf indes über den Jadebusen und Dollart hört, klingt wenig einladend, und der Bohrinsel-Slalom zwischen Doggerbank

und Fladengrund ist auch nicht sein Geschmack. Aber vielleicht Holland? Auweh – im Biesbosch hat der Botulismus schon alle Vögel und Fische gekillt. Jetzt greift die Seuche auf Friesland über.
Nee, denkt Gustaf, doch was ist weiter westlich? Scheldemündung – zu viel Strom. Normandie – nur Tidehäfen. Bretagne – zu weit weg. Ölpest an der Küste von Wales. Und Hai-Alarm vor Cornwall – ob man's glaubt oder nicht.
Gustaf ist verzweifelt. Freiheit der Meere, wo bist du? Ob man es mal im Mittelmeer versucht? Mann in de Tünn: das halbe *mare nostrum* ist militärisches Sperrgebiet; 900 Giftfässer lagen bis vor kurzem in der Straße von Otranto; in Neapel erpreßt die Mafia „Schutzgebühren", in Brindisi werden Yachten ausgeplündert; bei Malta versenkten Wale (?) einen dicken Motorkreuzer; vor Sardinien und in der Ägäis gibt's Haie, die echt beißen – Grzimek, Hass und Cousteau zum Trotz; vor Zypern gerät eine Yacht in Seenot – und unter Landbeschuß; Albaner kapern bei Korfu ein Segelboot als fette Prise; auf Elba treiben Zöllner Sporttaucher mit MPs von Bord; überall hypertrophierte Hafengelder (Deutsche zahlen ohnehin doppelte Sätze); Mistral, Tramontane, Bora, Scirocco, Levante, Etesien – Mönsch, wat deiht dat dor blosen!
Nee, Gustaf fährt sonntags wieder nach Strande. Und Pfingsten nach Schleimünde. Da sind auch Quallen und Fungis, da ist es auch teuer und eng, auch dort riecht es manchmal streng, und um freie Plätze muß man sich raufen. Aber es sind deutsche Quallen und deutscher Mief. Auch sagt sich „Augspleiß" leichter als „*ipiombatura di gassa*". Und „Morskopp" klingt direkt lyrisch gegenüber „*faccia da culo*".

Bordton und Umgangsformen

Über Höflichkeit im Sprachgebrauch beim Umgang mit Untergebenen kann man sich streiten. Sagt der Hauptmann noch in verbindlicher Frageform: „Wolln Se nicht Haltung annehmen, wenn ein Vorgesetzter mit Ihnen spricht?", so wählt der Feldwebel bereits die knappe Form: „Halten Se den Mund, bis Se gefragt werden!" Na, und der Korporal brüllt ganz einfach: „ Schnauze!" Das ist kategorischer Imperativ und wirkt sofort. So hat jede Sprosse der Hierarchie eben ihre spezifische Ausdrucksweise, wobei die Höflichkeit der Sprache spürbar mit dem sozialen Status sinkt.

An Bord ist das anders. Da hat nur einer das Sagen, und das ist der Käptn. Und alles, was der sagt, ist entweder ein Befehl oder ein Kommando. Auch auf der SINDBAD. Jedenfalls bis vor kurzem. Bevor Onkel Adi mit ihnen segelte. Der hat dann als Kapitän zur See a.D. die süße Tour auf der SINDBAD einführen wollen, mit „bitte schön" und „danke sehr". Er stützte sich dabei auf feudale Gebräuche in Offiziersmessen und falschverstandene Postulate frustrierter Weltumsegler (die offenbar zu lange mit sich alleine waren und sich dann selber mit „Sie" anredeten).

Onkel Adi (der richtig *v. Achtern* hieß) war ein lustiges Haus. Er wollte partout Adi genannt werden. „Das andere lassen Sie man weg", sagte er, „das stört nur!" Von ihm hörte man auch so schöne Schnäcke wie „Wissen Se, was Adel und Kartoffeln gemeinsam haben? Nee? – Ha, ha! Der bessere Teil ist unter der Erde." Oder: „Nicht das Segeln verdirbt den Charakter, sondern der Charakter verdirbt das Segeln!"

Frieda war hingerissen, Julchen begeistert. So ein höflicher Herr und so bescheiden. Kein Geschrei mehr beim Anlegen; Schotdichtholen nur noch mit „bitte schön" und „danke sehr"; und klar zur Wende sogar mit einem freundlichen Lächeln. Alle waren zufrieden. Nur Gustaf war sauer. So ein Spinner! Der versaute ihm mit seinen Balzgesängen die ganze Borddisziplin. Doch sie waren zu dritt gegen ihn. Noch. Aber er brütete bereits finstere Rachepläne.

Am nächsten Sonntag war es dann soweit. „Leebackstag überholen", befahl Gustaf, denn der Baum stand auf Halsen. „Bitte . . ." ergänzte Adi. Gustaf hatte jetzt „danke" zu sagen, aber er tat es nicht. Statt dessen fiel er ein wenig ab und holte die Schot klammheimlich dicht. Der Baum stieg in den Himmel. „Luvbackstag loos!" rief Gustaf. Adi tat es und sagte „bitte schön". Er stand dabei aufrecht an Deck. Gustaf legte Ruder und halste. Dabei sagte er langsam: „Würden Sie sich *bitte* klarmachen zur Halse, wenn's gefällig ist." Und dann, wie ein Schuß: „Rrrrund achtern!" Aber das hörte Adi schon nicht mehr. Da hatte der übergehende Baum ihn schon in die Förde geschaufelt.

Der Abschied war traurig. Adi troff aus allen Löchern. Seine schöne weiße Kapitänsmütze mit dem goldbestickten Schirm (von ihm spöttisch „Gehirnbremse" genannt) war, wie man so sagt, „auf See geblieben". Und mit ihr Adis Lust auf weitere Wassertouren mit dem spröden Gustaf. Ade SINDBAD!

Tschüs Adi!

Frieda zürnte, Julchen quarrte, Gustaf zeigte ein schuldgequältes Gesicht. Aber es hatte sein gemußt. Nun galt wieder Zucht und Ordnung an Bord statt „bitte" und „danke". Jawoll!

Merke: *Captains word is law.* (Lord Nelson)

Der häßliche Deutsche

Gustafs Trauma ist das miese Image der Deutschen im benachbarten Ausland. Dabei tut er doch niemand etwas zuleide – im Gegenteil, er ist höflich und hilft, wo er kann. Manchmal auch unaufgefordert.
Doch immer wieder eckt er an. Wie damals in Assens bei dem Dänen, dem er seinen Kahn verholt hatte, während er zum Einkaufen war. Gustaf hatte das Schiff nur einen Meter nach Backbord verlegt, damit noch ein Kollege aus Kiel dazwischen Platz fand. Mann, was hat der Swienegel ihn angemotzt, als er zurückkam. „*Gamle hest*", hat er ihn genannt, was so viel heißt wie „altes Pferd". Und noch was Schlimmeres, nämlich die verdammte Bande von *Tyskes* solle gefälligst ihre schmutzigen Pfoten von seinem Kahn lassen.
Na, und erst der cholerische Schwede in Marstrand, bei dem er längsseit auf Päckchen ging, weil sonst alles voll war! Warum legte der Kerl sich auch querschiffs an die Pier und nahm anderen Booten den Platz weg? Das sollte er mal in Schleimünde versuchen – dem würden sie schön was erzählen! Dabei hat Gustaf doch ganz höflich bei ihm angefragt (auf deutsch natürlich). Aber er hat nicht geantwortet. Einfach losgeworfen hat er Gustafs Leinen und dazu ganz grob gebrüllt – obendrein auf schwedisch, was Gustaf nicht versteht. Aber so sind diese Ausländer. Immer haben sie etwas gegen uns Deutsche.

Am schlimmsten erging es Gustaf aber in Holland am lieblichen Sloter Meer. Dort liegen an schmalen, verträumten Gäßchen viele kleine, blankgeputzte Fischerhäuschen, rosenberankt, mit Butzenscheiben und putzigen Zwergen in tulpengeschmückten Vorgärten. In Gustafs Reiseführer stand darüber der einladende Hinweis: *Schauen Sie sich diese letzten Zeugen einer vergangenen Epoche der Seefahrt genau an. Viele Häuser ähneln einem Schiffahrtsmuseum. Werfen Sie ruhig einen Blick in das Innere der Häuser. Holländer lieben keine Gardinen vor den Fenstern. Sie haben auch nichts dagegen, wenn man hineinschaut und ihre gesammelten Kostbarkeiten bewundert.*
Gustaf entsann sich dieses Tips, als er in den Fenstern eines Häuschens ein paar besonders hübsche Buddelschiffe entdeckte. Er bahnte sich arglos einen Slalomkurs über den Rasen des Vorgartens zwischen niedlichen Knollennasenmännlein mit Schubkarren hindurch, um sich die Schiffe etwas genauer anzusehen.
Doch kaum hatte er seinen Blick ein wenig schweifen lassen, flog die Haustür krachend auf, und eine feuersprühende Furie stürzte mit gespreizten Fingern auf ihn los. Gustaf sprang erschrocken zu Frau und Tochter auf den Gehweg zurück. Aber die streitbare Amazone kam hinter ihm her. „Immer diese verflixten Duitsers", kreischte sie, „alle Nationen kommen hierher – Engelsmans,

Fransmans, Zwitsers und Amerikaaners. Aber *nur die Deutschen* sind es, die mir den Garten zertrampeln. Schert euch zu euren Kohltöpfen und glotzt in eure eigenen Fenster!"

Gustaf schüttelte traurig den Kopf. Offenbar hatte der feuerspeiende Drache den Reiseführer nicht gelesen. Oder er galt nicht für Vorgärten. Man müßte mal an das Fremdenverkehrsamt schreiben. Am besten gleich morgen. Dascha woll nich meuglich! Allerhand sowat!

Merke: Deutsche Treue, deutsche Hemde, die verschleißt man in der Fremde. (Heinrich Heine, Lazarus)

Heia Safari

*Foto*safari natürlich, aber auch das kann ganz spannend sein. Früher, wenn es zur Jagd ging, sangen die Askaris: *Sisi iko askari wasioga. Twafuata wa winda ji kubwa.* Das ist tansanisch und heißt auf deutsch: „Wir sind die tapferen Askaris. Wir folgen dem großen Jäger." Schön, nöch? Heute plärrt Julchen: „Vaaati, stell den Motor ab, die hören uns doch sonst!" „Die" sind die Fischreiher. Der „große Jäger" ist Julchen. Und Gustaf stellt den Askari-Troß – tapfer, aber ohne große Begeisterung und gänzlich ohne Gesang. Ort der Safari: der River Bure in Ostengland.

„Da!" schreit Julchen. Sie hat mit dem Kieker fern am Wiesenufer einen Reiher erfaßt. 500 Meter entfernt. Julchen macht „knips". Gustaf kennt diese Bilder: viel Wasser als Vordergrund, am Horizont ein Schilfstreifen mit einem unscharfen weißen Punkt. Der Punkt muß der Reiher sein, behauptet Julchen. „Soll!" sagt Gustaf, dem es wohl doch am nötigen fotografischen Ernst gebricht.

Es gibt viele Reiher am River Bure. Man bloß, daß sie nicht fotogen sind. Entweder fliegen sie – dann wackelt Julchen. Oder sie stehen am Ufer – dann wackelt das Boot. Oder sie stelzen im Wasser umher – dann wackeln die Reiher. Meistens aber sind sie zu weit weg – dann ist sowieso nichts zu erkennen. Deshalb hat Julchen in ihrer Sammlung nur unscharfe Reiher. Und weil das so ist, scheucht der „große Jäger" den Askari-Troß von Teich zu Teich, von Ufer zu Ufer, von Waldsaum zu Waldsaum: Einmal *muß* man doch einen konturenscharfen Reiher schaffen. Wenigstens *einen* im Urlaub. Doch das Jagdglück ist gegen die Askaris. Alles ist auf den Dias messerscharf drauf, nur die Reiher nicht. (Es liegt natürlich an den Vibrationen des nagelnden Diesels im fahrenden Boot. Aber das merken sie nicht.) Nachdem sie es zwei Wochen lang bei etwa 30 Reihern immer wieder versucht haben, geben sie es auf. Sie haben sich angeschlichen wie Leoparden. Gegen den Wind. Bei Sonne im Rücken, mit UV-Filter, 500stel Verschluß und Blende 22. Bei Regen, mit Tarnbüschen am Steven, 25stel Verschluß und Blende 2. Englische Filme, deutsche Filme – es hat alles nichts genutzt. Wenn die Reiher Julchen sehen, fliegen sie weg oder wackeln. Es ist zum Kotzen! Kein Wunder, daß Julchen echt sauer ist. Sicher, man kann auch an Land knipsen, die hübschen Kanadagänse zum Beispiel oder die drolligen schwarzen Bleßhühner. Auch Nutrias erwischt man mal und einen Eisvogel. Sogar einen Kauz beim Mäusefang. Aber eben keinen Reiher von nahebei und vom Schiff aus. Und das erst bedeutet echtes Jagdglück. Sonnabend früh bringen sie das Boot zurück zur Werft in Wroxham. Der Vermieter wohnt in einem romantischen, reetgedeckten Haus, das mindestens 400 Jahre alt ist. „*The Beehive*" heißt es und hat einen Bienenkorb als Wetterfahne auf dem First. Julchen knipst, was das Zeug hält, bis der Film alle ist. Das Haus ist wirklich Klasse! Auch die Wasserfront muß man sich mal ansehen. Als sie um die Ecke biegt, erstarrt sie zur Salzsäule: *Fünf* riesige silberne Reiher stelzen dicht vor dem Haus umher und zanken sich schnabelfechtend um einen toten Fisch. Nur *fünf* Meter vor ihrer Nase. Und sie hat ihren Film verknipst.

Am Kiosk holt sie sich rasch einen neuen. Rennt zurück. Ruft Vater und Mutter. Hin zum Haus. Doch – die Reiher sind weg. Wo sie geblieben sind, fragt sie die Frau des Vermieters. – Wer? – Na, die Reiher! – Reiher? – Na die weißen Vögel mit den großen

Füßen! – O, *the damned crazy herons which I hate so much!* Jeden Tag kommen sie und bleiben ein paar Stunden. Sie hat sie weggescheucht. Sie versauen ihr den ganzen Rasen. Scheußliche Viecher. Zum Teufel mit ihnen! *I hate them, indeed!*
Schnüff! Man reist zurück. Der Winter ist lang, und Julchen betrachtet oft ihre Dias vom Sommer. Aber sie ärgert sich, denn scharfe Reiher sind nicht darunter. Ohne scharfe Reiher, findet Julchen, sind die Fotos nicht mehr wert als ein Titel von Konsul Weyer. Hat sie nicht recht?

Labskaus

Wenn es nach Gustaf ginge, gäbe es an Bord der SINDBAD jeden Tag Labskaus. Also an Labskaus kann der Skipper sich einfach totfressen. Ob es nun an Friedas Kochkünsten liegt oder an Gustafs konservativen Eßgewohnheiten – wenn er nur den Duft der gepökelten Sau in die Nase kriegt, dann gerät er in eine ähnliche Verzückung wie die dollen Minnas auf dem Liebestrip beim Sex-Guru von Poona. Da hilft er Frieda auch freiwillig beim Kartoffelstampfen (mit der Bierflasche !). Und er kann es gar nicht abwarten, bis die dampfende Schüssel – herrlich gewürzt und garniert mit leckeren Matjesfilets, roter Bete, Gurkenstückchen und leuchtenden Spiegeleiern – auf SINDBADS Back steht. Selbstverständlich ohne Corned beef!
Julchen meutert schon mal, und Frieda pickt sich ohnehin nur die Gurken heraus. Aber Gustaf ist nicht zu bremsen. Er schlägt sich den Wanst voll bis Oberkante Unterkiefer und muß danach erst mal mindestens eine Stunde an der Matratze horchen, um die erregten Magennerven einzulullen.
Das war nicht immer so. Gustaf schätzt gutes Essen an Bord. Aber sein Fehler war, daß er zuviel in Friedas Illustrierten las. Was da alles über Nahrungsmittel und ihre verderblichen Folgen für den menschlichen Organismus drin stand, das konnte einem direkt . . . also mindestens (wenn nicht noch mehr) den Spaß an der Freude rauben. War früher Rauchfleisch des Skippers Lieblingsspeise gewesen, so hatte ihm die Wissenschaft so lange mit *Benzpyrenen* Angst gemacht, bis er darauf schweren Herzens verzichtete. Wer holt sich schon gern zum Frühstück Leberkrebs? Das gleiche galt für Frikadellen, die er fast noch mehr schätzte. Aber auch seine geliebten Pfannkuchen sollten schädlich sein. Und besonders schlimm war es mit Spinat und anderen Gemüsen. Da sollten die *Nitrosamine* die bösen Teufel

sein. Weiß Gott, ob es stimmte. Aber Vorsicht war die Mutter der Porzellankiste. Wie beim Segeln: Seefty först!
Ein anderes Leibgericht an Bord der SINDBAD waren Brathähnchen – von Julchen „Gummiadler" getauft. Aber auch sie wurden nebst Marmelade, Brot, Käse, Wurst und Schinken vom Speisezettel verbannt, nachdem Gustaf in der Presse von den gefährlichen *Aflatoxinen* las, jenen gierigen Pilzstämmen, die ihm und seinem Verdauungstrakt nach dem Leben trachteten.
Nun hat er richtig Beklemmungen, eine Zeitung aufzuschlagen. Welche neue Hiobsbotschaft mag da sein Labskaus angreifen? Das letzte, was ihm von allen früheren Magentröstern noch geblieben ist! Am besten, man liest gar keine Zeitung mehr. Wat ein' nich weiß, tut ein' nicht kratzen. Und so vertilgt er bis auf weiteres, und so oft er kann, ungeheure Mengen dieser angeblich von den Briten erfundenen und durch die Norweger bei der Seefahrt eingeführten Götterspeise. Wobei allerdings den Norskes der traurige Ruhm gebührt, die gepökelte Sau durch ihren stinkenden, zähen Klippfisch ersetzt zu haben.
Pfui, meint Gustaf, dessen Herz ohnehin für die Briten schlägt, seitdem er vor Jahren auf der Kieler Woche hörte, wie ein englischer Soling-Segler seinem Konkurrenten vor dem Start zurief: „*Hope you win the race!*" Welch sportliche Geste! Was für eine Nation! Deshalb gesteht er den Briten bei allen Vorbehalten hinsichtlich ihrer sonstigen Küchenfertigkeiten auch gern zu, sein Labskaus entdeckt zu haben.
Obgleich die Deutschen es durchaus auch erfunden haben könnten. Sicher war es nur ein Zufall. Aber ein glücklicher.

Pour le Mérite

Gustaf liest im Stadtanzeiger, daß der Bundesvater jede Menge Orden verteilt hat. Mit Schulterband und Stern an Katharina, die Ministerin, als Trost für die explodierten Krankenhauskosten. Mit Gold und Klunkern an Kurt, den Minister, zum Dank für das von ihm verordnete (und inzwischen wieder aufgehobene) Redeverbot in Taxis und die eingestampften Heinemann-Briefmarken. Als Sonderausstattung an Anneliese, die Primadonna, weil sie auf der Bühne immer so schön singt. Und an Marianne, die Heroine, weil sie auf der Bühne *nicht* singt. Na ja, und dann noch an drei Dutzend ande-

re, die es genauso verdient haben.
Gustaf hat nichts dagegen, daß der Staat seine Notabeln dekoriert. Er fragt sich nur, was man alles anstellen muß, um solcher bundesväterlichen Ehrungen teilhaftig zu werden.

Gustaf würde, falls befragt, ganz andere Leute vorschlagen. Zum Beispiel den Fabrikdirektor Zagel aus Hersbruck, der in Südtirol auf dem Kalterer See bei dem Versuch, seinen Dackel zu retten, ertrank. Er war mit seinem achtjährigen Sohn und dem Hund auf einem Schlauchboot mitten auf dem See, als eine harte Gewitterbö über das Wasser peitschte. Im Seegang wurde der Dackel über Bord gespült. Der Skipper sprang sofort hinterher und erreichte das Tier. Doch das Boot trieb rasch ab, obgleich der Sohn es mit den Rudern zu stoppen versuchte. Zahlreiche Leute sahen vom Ufer aus zu, wie der Mann mit dem Hund im Arm ertrank.
Gustaf meint, daß dieser Mann eher einen Orden verdient hätte – wegen seines mutigen Einsatzes bei höchster Gefahr und unter Hingabe seines Lebens. Aber wer kennt ihn schon in der Präsidialkanzlei? Und dann ist er ja auch ertrunken. Tote Leute kriegen keine Orden. Dann müßten sie schon den Achtminutentakt für Ortsgespräche oder die Trennwände für Taxis erfunden haben. Oder singen können.
Gustaf wünscht dem Skipper und seinem sicher heißgeliebten Waldi deshalb, daß sie dafür im Himmel einen warmen, freundlichen Empfang finden und Petrus ihnen verständnisvoll Hand und Pfote drücken möge.
Merke: *Honi soit qui mal y pense.* („Schande dem, der Arges dabei denkt." Inschrift des britischen Hosenbandordens)

Ramses

Ja, so haben sie Gustaf im Verein getauft: „Rammses!“ Und das nur, weil Julchen, dieses dämliche Gör, den Mund nicht halten konnte. Es war so gekommen:
Die Brücke von Potter Heigham liegt wie ein Steinhöcker in der weiten Wiesenlandschaft der englischen Norfolk Broads. Sie wurde im 15. Jahrhundert erbaut, um den Wagenverkehr nach Great Yarmouth über den River Thurne zu leiten. Ihr nur etwa zwei Meter hoher Mittelbogen – geschunden und zerschrammt von unzähligen Rammings – ist seit 500 Jahren der Schrekken aller Frachtschipper, die drunter durch müssen, wenn sie in die ostwärts gelegenen Teile des Landes wollen.
Auch die Sportbootfahrer haben damit Probleme. Als die Charterboote immer größer und die Hobbyskipper immer dämlicher wurden, postierten die Verleiher einen Lotsen an der Brücke und ein Schild in den Cockpits ihrer Boote mit dem Hinweis, sich beim Passieren der Potter Bridge, *please* dieses *pilots* zu bedienen. Ach, hätten die Briten bloß das Wörtchen „please“ weggelassen! Gustaf, der mit den Landesbräuchen nicht so vertraut war, um zu wissen, daß auf britischen Schildern *please* nicht „bitte“ bedeutet, sondern „gefälligst“, faßte es prompt als unverbindliche Empfehlung auf. Lotse, wat'n Quatsch! Hatte er doch schon ganz andere Brücken durchschifft. Sogar unter Segel.

Der Ort Potter Heigham selbst bietet außer jener pittoresken Brücke nur noch vier Bootsschuppen und eine Wasserkneipe. Sozusagen der Arsch der Welt. Doch an Wochenenden ist der Steinhaufen umlagert von Hunderten schaulustiger Familien, die in der blutrünstigen Erwartung, daß etwas passieren möge, mit Klappstuhl, Kind und Thermosflasche die Ufer säumen. Sie werden selten enttäuscht: Die Schrammen in den Granitblöcken zeugen von unzähligen abgesäbelten Kajütdächern, gesplitterten Windschutzscheiben und geborstenen Aufbauten.
Aber Gustaf hatte die lichte Höhe des mittleren Brückenbogens ganz *cool* taxiert. Er stieß ins Horn, gab Gas, zog den Kopf ein und steuerte sein Boot lässig durch das schwarze Loch. Nur der Signalmast kratzte leicht am Gewölbe. Die Zuschauer an Land klatschten Beifall. Gustaf hob die Nase in die Luft – stolz wie Häuptling Sitting Bull nach der Schlacht am Little Bighorn River. Na bitte!
Dann tuckerten sie selbdritt den Thurne aufwärts. Sie besuchten Hickling Broad und Horsey Mere und badeten in der Nordsee (die da oben so blau ist wie Surabaya-Johnny nach dem zwölften Grog), und wo auf einen Menschen eine Meile feinster, weißer Norfolk-Badestrand „entfällt“. Die Sonne schien, der Ostwind blies frische Seeluft über die Dünen. Ein Klasse Urlaub!

Aber leider war er nach einer Woche zu Ende. Morgen mußten sie ihr Boot in Wroxham zurückgeben. Also nix wie los!
Die Potter-Brücke sah diesmal ganz anders aus: viel kleiner, als ob sie beim Waschen eingelaufen wäre. „Vielleicht ist das Wasser gestiegen", quarrte Julchen dem Skipper in die Navigation. Doch der hatte kaum Zeit, „Quatsch" zu sagen, so sehr forderte die Gedankenarbeit seine vollste Konzentration. Sicherheitshalber ließ er den Signalmast legen und das Nebelhorn abschrauben. Dann dampfte er unter sorgfältigstem Peilen der Höhe auf die Tropfsteinhöhle zu.
„Kuck mal, was hier steht, Vati", sagte Julchen auf einmal und zeigte auf eine Seite im „Skipper's Manual": . . .*länger andauernder Ostwind kann das Wasser bei Potter Heigham bis zu einem Meter steigen lassen.*
Aber Gustaf hatte nur noch Augen für die Brücke. Es hatte auf dem Hinweg geklappt, warum sollte es nicht auch auf dem Rückweg gehen.
Julchen sah gerade noch seine weiße Kapitänsmütze ängstlich in die Hocke gehen, da krachte es auch schon: Der Kahn hatte sich fest verkeilt unter dem Brückenbogen, den der unerwartete Rammstoß wie ein tektonisches Beben Stärke 8 traf.
Das Volk am Ufer johlte. Von der Brücke reckten sich lange Hälse. Kinder warfen ihre Mützen in die Luft. Und eine tiefe Stimme grölte: „*The Germans to the front!*"
Die Ramming hatte den Lotsen aufgescheucht. Er steckte den Kopf übers Geländer, um zu sehen, welcher Idiot mal wieder den Verkehr blockierte. Natürlich diese Deutschen! Die wollten immer alles alleine machen und wußten alles besser. „Was nun?" rief er Gustaf zu. Dieser sah ihn mit dem traurigen Blick eines Pawlowschen Hundes an und zuckte die Schultern.
Den Lotsen packte Mitleid, schließlich waren sie NATO-Partner. Außerdem wollte er die Durchfahrt freimachen. Deshalb heuerte er in Gustafs Namen für 'ne Lage Eiscreme plus Coke ein Dutzend Gören an, die in der Kajüte dicht wie Heringe gestaut wurden, damit der Kahn 10 Zentimeter tiefer tauchte. Na ja, und dann ging's. Mit Mühe, aber es ging.
Als die Brücke hinter ihnen lag, sagte Julchen kichernd: „Vati, hihi, du bist 'n richtiger Rammses!" Aber der Skipper war zu traurig, um ihr eine runterzuhauen. Außerdem mußte er überlegen, wen oder was dieser Rammses denn eigentlich gerammt hatte. War das nicht so ein oller Ägypter? Danach nahm er sich erst mal das „Skipper's Manual" vor. Seite für Seite buchstabierte er sich durch den Text. Mannomann, was stand da alles drin! Schade, daß man so etwas immer erst liest, wenn der Urlaub zu Ende ist.
Merke: Aller Vatersinn ist ohne Macht, wo der Kindersinn mangelt. (J. H. Pestalozzi)

Opti-Mist

Reiche Leute halten sich einen Rennstall. Okay, meint Gustaf – sagt die Bibel nicht schon: Wenn ich sechs Hengste zahlen kann, sind ihre Kräfte nicht die meinen? Was? Das war nicht die Bibel, sondern der Mephisto in Goethes Faust? Egal! Ob man nun Gäule, Formel-Eins-Wagen, Sechstagerennen oder Boxkämpfe sponsort – es stärkt das Selbstgefühl und befriedigt den Spieltrieb, der ja in uns allen schlummert, gärt oder manchmal sogar brodelt.

Wer weniger Moos hat, hilft sich auf andere Weise. Der eine schwelgt in Stereo; der andere brüllt sonntags „Tooor!"; der dritte segelt gar. Warum nicht? Und wer unmusikalisch ist, Fußball nicht leiden kann und zum Segeln zu faul ist, der läßt „eine Yacht laufen", das heißt, er finanziert den ganzen Schiet, aber überläßt die Pinne einem Fachmann.

Was, so was gibt's nur bei gekrönten Häuptern und Stardirigenten? Quatsch! Kannste laufend in Schilksee erleben: die Familienbosse, die ihren Opti-Stall promoten. Da herrscht echte Grand-Prix-Stimmung, nur rast da kein Super-Batman über die Piste, gehetzt von einem Haufen nervöser Antreiber, sondern da hockt ein Männlein von sieben bis zwölf Jahren an der Opti-Pinne und ist noch aufgeregter als seine Stallbetreuer. Für den, der nicht weiß, was ein Opti ist: Gemeint ist die Optimist-Jolle, ein viereckiger, besegelter Schleudersitz für Milchzahnrocker.

Einen Opti „laufen" zu lassen, ist echter Familiensport, bei dem alle mitmachen können – eine Neuentdeckung des *homo ludens*, des spielenden Menschen: Vati managed den Kauf von Boot und Ausrüstung, die Korrespondenz mit dem Klassenverband, die Meldungen zu den Regatten und den Transport der kostbaren Rennmaschine von Start zu Start. Mutti betreut den Fahrer mit der Windstärke entsprechender Spezialbekleidung, muskelstärkendem Proviant, stimulierenden Getränken und Beruhigungspillen – je nach Bedarf. Sie führt außerdem auch die hin und wieder notwendigen Gespräche mit dem Klassenlehrer. Bruder Karl schleppt den Opti vom Trailer zum Sattelplatz und takelt ihn auf. Und Susi, das Schwesterlein, poliert ihm den Bauch mit Gleitpaste und wedelt das letzte Staubkorn aus der Bilge.

Derweilen bereitet Fritzchen, der neunjährige Kommodore, sich mit Limo und autogenem Training auf das Race vor: Diesmal *muß* es klappen; ich werde siegen, weil ich siegen *will*! Ich bin der Beste! Niemand kann mich schlagen!

60 Optis starten heute – es geht um den „Silbernen Nachttopf von Strande", den wichtigsten Punktebringer der Rennsaison. Der Strand ist schwarz von zappelnden Anver-

wandten und aufgeregten Siegern „in spe". Die Eltern haben Prämien ausgesetzt für Sieg und Platz. Ob Klein-Fritzchen es diesmal mit dem neuen Henriksen-Boot und den Segeln von Elvström schafft? Es hängt soviel davon ab – der ganze Aufwand wäre umsonst gewesen. Vati flüstert dem Skipper noch letzte Tips über Leestart und Mogeltaktik an der Tonne ins Ohr. Fritzchen blickt unruhig auf die Regattastoppuhr am Handgelenk und den Koppelkompaß im Cockpit. Er zupft noch mal nervös am *Cunningham hole*. Dann geht's los!

Nun beginnt der nervenzerfetzende Streß des Bodenpersonals, welches mit Kiekern jede Schotänderung, jedes Rudermanöver seines Champions verfolgt. Familienroulette, bei dem Fritzchen die Kugel ist. Ein tolles Spiel! Besonders für Väter, die mit rotem Kopf Punkte hochrechnen.

So schön kann Segeln sein!

Merke: Im echten Manne ist ein Kind versteckt; das will spielen. (Fr. Nietzsche)

Politsegeln

Es ist schon ein paar Jahre her. Da hat Gustaf einen Studenten für die „Aalregatta" nach Eckernförde angeheuert. Er hat zu spät gemerkt, daß es ein Politologe ist. Büschen kaputter Typ mit Bart und missionarischem Eifer.

Bis Kiel-Feuerturm ist der Eumel noch ganz friedlich. Erst als Gustaf ihn auf dem Stollergrund den Spinnaker setzen läßt, kuckt er dumm aus der Wäsche. Dann raumt und schralt der Wind kurz hintereinander, und der Spi muß zweimal geschiftet werden. Da platzt dem Bärtigen der Vatermörder. „Schiften Sie Ihre Blase gefälligst selbst!" sagt er grob, zieht sich seine reaktionäre Bundeswehr-Parka über den von Bafög-Subventionen ausgemergelten Leib, braßt die Zipfelmütze über die Augen und haut sich lang an Deck.

Gustaf denkt, sein Schwein pfeift. Also da hört sich doch allens auf! Diesem Burschen sollte man direkt . . .! Doch dann siegt die Vernunft – nein, dem muß man anders kommen, diplomatisch, sozusagen „subkutan".

„Hör ma", peilt er vorsichtig die Lage, „hest du 'n Lütten op de Luk?" Und er fragt ihn – wie er meint, sehr taktvoll – warum er denn überhaupt auf der SINDBAD angemustert habe.

„Jedenfalls nicht, um mit Ihrem Spinatanker herumzuhampeln".

„So", fragt Gustaf maliziös, „warum *denn*, wenn's gestattet ist?"

„Weil ich mir 'ne müde Mark hinzuverdienen wollte. Aber Segler sind geizig wie alle Kapitalisten. Vergötzen nur sich und ihren Kahn."

Gustaf tritt der Fußschweiß auf die Stirn. Also so sieht das aus. „Hör mi mol to", sagt er zu dem Macker, „wie stellt sich *euresgleichen* denn die Segelei vor? Alles staatlich? Gegen Bezahlung? Oder in Betriebssportgruppen?"

Die Antwort des Bärtigen verblüfft ihn: „Zufolge der Prinzipien unserer spätkapitalistischen Raffgesellschaft (ich für mich, du für dich, Gott für uns alle) sorgt jetzt jeder für sich selbst. Aber wie Kierkegaard 1848 schon sagte, ist dies die ausklingende Endphase einer absterbenden Monopolkultur. Und alles wird mit der baldigen Beseitigung der herrschenden Klasse besser werden."

Was besser werden soll, bleibt Gustaf unverständlich. Es ist etwas mit „Vergesellschaftung nach erfolgter Animation durch konsequente Bewußtmachung der ethischen Basis." – „Na und?" fragt er listig. „Wird denn dadurch in Zukunft das Liegegeld in Schilksee billiger?"

Der Eumel zuckt angeekelt zurück: Diese segelnden Spießer sind die Totengräber einer neuen, aufgeklärten Welt. Er gibt sich einen letzten Ruck und sagt: „Man muß na-

türlich zuvor mit reflektorischen Denkprozessen die kapitalistischen Motivationen eliminieren – als *erste* Stufe der Bewußtwerdung, sozusagen . . ."
Gustaf versteht Bahnhof, sozusagen. Aber er läßt nicht locker: „Na, und die Zollanschreibeliste? Wird der Quatsch dann endlich abgeschafft?"
Der Bärtige springt wütend auf und geht auf Gustaf los wie Heinis Köter auf Briefträgerbeine: „Eure Scheißsegelei! Die kann mir gestohlen bleiben!" Spricht's hockt sich an Deck und reflektiert schmollend bis Eckernförde. Dort trennt man sich schweigend und ohne Tränen.

Gustaf, besorgt um seinen Adrenalinspiegel, beschließt fürderhin politologischer Segelhilfe zu entraten. Denn wie sagte vor Kierkegaard bereits Euripides: „Glücklich sind die Besitzenden."
Seitdem sind rund zehn Jahre vergangen. Das Vokabular der Politologen (und nicht nur das) hat sich grundlegend geändert. Kein Jungakademiker meckert mehr beim Segeln. Alles hat sich brav angepaßt. Und der Eumel vom Stollergrund ist sicher schon Professor mit Pensionsanspruch und hat selbst einen Segelkahn auf der Förde. Und läßt den Spinnaker von anderen setzen!
Merke: *Panta rhei.* („Alles fließt", Heraklit)

Schiffahrtshindernis

Ärösköbing ist SINDBADS Lieblingshafen in Dänemark: Der Skipper sieht sich dort so gern das Buddelschipp-Museum an; Frieda schwelgt von den herrlichen Aalen, die es nur dort gibt; Julchen knipst (zum x-ten Mal) die schnuckeligen rosenbewachsenen Fachwerkhäuschen. Eine Idylle? Fast, wenn die Butterdampfer nicht wären.
Die Butterdampfer kommen und gehen wie die Fähren über den Großen Belt, um Massen transitschwangerer Germanen für zwei Stunden an Land zu spucken. Wenn drei dieser Musikdampfer gleichzeitig festmachen, ist der Hafen dicht.
Diesmal ist Gustaf mit Frieda allein unterwegs, deshalb ist er beim Einlaufen doppelt vorsichtig. Er peilt sorgfältig, ob die Hafeneinfahrt frei ist. Sie ist es. Er nimmt draußen das Zeug weg und wirft den Jockel an. Sicher ist sicher! Dann deponiert er den Heckanker „klar zum . . ." auf dem Achterdeck und steckt 30 Meter Leine an. Frieda harrt mit dem Pekhaken in der Hand vorm Mast weiterer Befehle. Alles schon hundertmal gemacht. Ein reines Routinemanöver.
Als sie die Hafeneinfahrt passieren, liegen

zwei Butterfähren an der Pier. Gustaf erspäht an der Mole einen freien Spalt zwischen zwei Hamburger Yachten. Da will er sich zwischenmogeln.
Er fährt einen großen Bogen, kalkuliert Abdrift, Seitenwind, Auslauf und alle sonstigen abwägbaren Faktoren und setzt zum Torschuß an. Um besser sehen zu können, steigt er aufs Achterdeck und steuert mit dem Fuß. Doch die Großschot ist ihm im Weg. Da ein Spitzgattheck nicht viel Platz hat, bückt er sich, um die Schot beiseite zu legen. Dabei stößt er an den Anker - und plumps ist dieser außenbords und nimmt die ausrauschende Ankerleine mit. Mitten im Hafen.

Gustaf treibt noch ein Stück voraus, bis er SINDBAD mit der Maschine gestoppt hat. Frieda schreit von vorn: „Was ist los?“ Der Wind kommt dwars ein und schwojt den Kahn quer über den Hafen. Deshalb geht der Skipper mit der Maschine rückwärts, um den verlorenen Anker aufzunehmen. Doch er kriegt ihn nicht aus dem Grund, so viel er auch zerrt.
„Nun mach schon . . .!“ ruft Frieda – da bleibt mit einigen zuckenden Umdrehungen die Maschine stehen: Die Ankerleine hat sich in der Schraube vertörnt und den Motor abgewürgt. Und zu allem Unglück macht es „Tuuuut“, so daß Gustafs Gebiß klirrt,

denn die dicke Fähre legt gerade ab.
„Zustand" nennt man das bei der Marine. Gustafs Gesicht ähnelt dem satten Rot einer preisgekrönten Tomate. Er ruft Frieda nach achtern, reißt ihr den Bootshaken aus der Hand und fischt damit unterhalb der Schraube nach dem Ankertau. „Tuuuut – tuuuuuuut", macht die Fähre ungeduldig, denn sie will just da hin, wo die SINDBAD unfreiwillig ankert. Das Volk auf der Mole schreit hilfsbereit: „Schmeiß den Motor an!" und „Heiß dat Großsegel!"
Gustaf grabbelt auf dem Bauch liegend, den Fuß unter die Pinne gehakt, tief mit dem Arm im Wasser nach der Ankerleine.
Endlich hat er sie gepackt und holt den Anker aus dem Grund. SINDBAD driftet jetzt vor dem kahlen Mast quer durchs Hafenbecken. Gustaf startet den Motor und kuppelt ein – blup, blup – er steht erneut, weil die Leine die Schraube blockiert. Der Butterdampfer ist schon ganz nahe und tutet Gustaf die letzten grauen Zellen aus dem Gehirn.
Da reißt er entschlossen die Fock hoch und treibt wie ein Schuhkarton in eine Ecke des Hafens. Bis er zwischen Angelkähnen, Quallen und toten Fischen auf Dreck sitzt.
„Mensch, warum haste nicht . . .", will Frieda sagen, aber Gustaf wirft ihr einen Blick zu, der die Milch im Kaffee gerinnen lassen könnte. Er kann es einfach nicht fassen, wie ihm, ausgerechnet *ihm* das passieren konnte. Dabei ist die Erklärung doch ganz einfach. Man kann sie im Hochschultaschenbuch Band 285 nachlesen: *Die Wahrscheinlichkeit für das Eintreten eines Ereignisses ist gleich dem Quotienten (Bruch) aus der Anzahl der für das Ereignis günstigen und der Zahl der möglichen Fälle.* Klar, nöch? Muß man sich nur merken.

Brief aus Elba

Portoferraio, d. 22. 7. Liebe Vati und Mutti! Eigentlich wollte ich ja so bald nicht schreiben, denn ich war unheimlich sauer, weil Ihr mich mitten im Sommer auf einen Segellehrgang geschickt habt. Also Vati, ehrlich, das war vielleicht ein starkes Stück! Wo ich doch schon segeln kann, und dann gleich so weit weg. Aber nun bin ich hier und finde es echt gut. Deshalb schreibe ich auch jetzt schon und nicht erst nächste Woche.
Die Herfahrt zusammen mit Evi klappte prima. Mit Freundin macht so was doch viel mehr Spaß. Das erste, was ich im Bootshafen an der „Grotte del Paradiso" entdeckte, war ein Motorkahn namens GUSTAF – richtig mit „f", genau wie Du. Das ist unser Versetz-

und Sicherheitsboot. Bei dem Namen mußte ich an unsere SINDBAD denken, mit der Ihr jetzt unterwegs seid. Da wäre ich am liebsten gleich wieder abgehauen. Aber Evi sagte, ich soll mich nicht so anstellen. Und dann kamen auch gleich ein paar nette Typen, die unsere Klamotten wahrschauten und uns die Schule zeigten.

Unsere Bude bewohnen Evi und ich gemeinsam mit einem duften Teeny aus Mannheim. Die quatscht genau wie Joy Fleming, da kann man sich kringeln vor Lachen. Wir lachen überhaupt sehr viel. Am meisten über die Jungs und was die alles für Quatsch im Kopf haben. Wenn Ihr versteht, was ich meine. Streiche und so.

Hier gibt es richtige Segellehrer. Die sind furchtbar schlau und ziemlich alt, so wie Vati etwa. Ich meine, so *alt* wie Vati, aber schlauer. Die haben mich gleich in die Fortgeschrittenengruppe gesteckt, als sie meinen A-Schein sahen. Und sie haben sich überhaupt nicht gewundert, weshalb ich trotz diesem Schein nach Elba gekommen bin.

Was unser Käptn ist, das ist einer von der Marine, der sagt, er kennt das Segeln auf Dickschiffen. Da lernt man nichts, höchstens Seefahrt, aber keine Feinheiten. Die lernt man besser hier auf der Jolle. Schließlich muß er das ja wissen, wo er doch bei der Marine war.

Nach dem Frühstück machen wir Theorie. Du, Vati, das klingt aber alles ganz anders, als Du es mir immer erklärst. Am Nachmittag geht dann die Sause richtig los. Da müssen die Anfänger um den Steg schippern, während wir Fortgeschrittenen um die Tonnen racen. Ehrlich – ob Ihr das nun glaubt oder nicht: So eine Regatta ist Klasse und schafft einen ganz schön. So mit Reindrängestart, sicherer Leerstellung und Luvkampf an der Bahnmarke. Da merke ich echt, was ich bei Dir an Bord alles *nicht* gelernt habe. Wieso nennst Du mich nur immer eine dumme Gans? Hier bin ich nämlich *super!* Was, da staunst Du! Also bessere Dich, Vati!

Nach dem Abendessen ist Freizeit. Da trinken wir mit den Jungs in der *bèttola,* wie hier die Kneipe am Hafen heißt, eine „Zündkerze". Warum die so genannt wird, weiß ich auch nicht. Sie besteht jedenfalls aus Orangeade und Rum. Aber keine Angst – *ich* trinke das ohne Rum! Darum wirkt es bei mir auch nicht richtig.

Übrigens, was die Pösels aus der Feldstraße sind (die mit der dicken Motoryacht), deren Fritz ist auch hier. Im BR-Schein-Kursus. Also der Typ macht mich ganz schön an. So mit „Wiä Kielä müssen doch zusammenhalten". Aber ich hab ihm gleich gesagt, daß ich nicht auf blond stehe, und da hat er mich *calamaio* genannt, was hier die Tintenfische sind. Sag mal, Vati, wie findest Du das? Typisch Motorboot, nicht? Aber sonst sind ganz dufte Typen dabei, und wir haben echt Spaß.

So, nun wißt Ihr, daß es mir hier gut geht. Nutzt die Zeit schön aus, um Euch von mir zu erholen. Ihr werdet staunen, was ich alles gelernt habe – ich meine seglerisch. Schade, daß unsere SINDBAD nicht auf Elba liegt. Dann würde Vati auch noch was (prf) (proff) profittieren können. Aber laß man – als Dickschiffskipper bist Du einsame Spitze, Vati. Viele Grüße an Mutti und Dich, Tschüs und *ciaou!* Euer liebes Julchen.

PS: Vati, wenn ich zurückkomme, läßt Du mich dann alle Anlegemanöver selbst fahren? Ich meine, für Dich ist das doch eine große Erleichterung. Und mach Dir nichts daraus, daß Du nur Dickschiff segeln kannst. Für die Feinheiten hast Du jetzt ja mich.

PS: Übrigens fällt mir noch was ein. Die Zündkerzen sind ziemlich teuer. Könnt Ihr mir nicht telegrafisch rasch mal 50 Mark überweisen? Klasse!

Numerus clausus

Segeln bis zum Umfallen! – das war Gustafs Devise seit eh und je. Doch das hat sich nun geändert. Schuld daran ist Julchens Sechs in Mathe.

Viele Jahre waren nötig, um der Göre das Segeln schmackhaft zu machen. Der eigene Opti schaffte dann den Durchbruch. Aber richtig los ging es erst, als Gustaf ihr das alte Junior-Folkeboot kaufte. Mein Gott, was schipperte die Deern damit – jeden Nachmittag bis zum Abend klüste sie auf der Förde. Und mit ihr die Jungs und Deerns der Vereinskameraden, die natürlich auch alle einen Kahn hatten. Was gab es denn auch Schöneres für einen Seglervater, als seinen glücklichen Sprößling am Ruder des eigenen Bootes zu betrachten?

Bis dann die Vieren und Fünfen die Familienharmonie zum Sieden brachten. Und dazu jetzt noch die Sechs in Mathe

Früher hat Gustaf immer vergnügt gesungen: „Mit de höhere Schule is dat nix, da kommt mein Kind nich rauf . . .“ Aber da hatte er nicht mit Frieda gerechnet. Julchen *kam* rauf, und nun war sie schon in der Oberstufe. Indes – je besser sie segelte, desto schlechter wurden ihre Noten in der Schule. Die Lehrerin hatte spitz gesagt: „Keun Wunder, bei segelnden Vätern fällt der Apfel nöcht weut vom Mast“. Und dann verpaßte sie Julchen (und einigen anderen aus dem Seglerteam) in Mathe besagte Sechs, die so stramm war wie Iras blaublütiger Podex nach dem dritten Facelifting.

Düvel ok! Frieda heulte. Gustaf war zerknirscht. „Och“, meinte Julchen, „wenn ich mich im Turnen ordentlich ranhalte, dann schaffe ich das Abi immer noch mit ’nem Schnitt von 4. Und damit kann ich immer noch Philosophie studieren. Dafür braucht man *nur* 4,3. Philo schaffen selbst die Doofen“.

Nee, dachte Gustaf, so ging es nicht. Man müßte am besten einige Jahre von der Küste wegziehen. Das Fördewasser war Gift für das Kind. Aber wohin? Überall wurde gesegelt – in München, Hannover, ja selbst in Stuttgart. Doch da las er vom Gesetzent-

wurf des Landes Nordrhein-Westfalen über die „Mitwirkung von Eltern und Schülern bei der Zeugniserteilung und Versetzung“. Ja, das war’s – an den stinkenden Rhein würden sie ziehen. Da wohnten modern denkende Erzieher, und da segelte niemand. Da würde Julchen ihr Abi mindestens mit 2 bauen. Wenn nicht noch besser.
Aber dann sah Gustaf im Fernsehen einen Bericht über die Pfingstregatta auf dem Rhein von Königswinter nach Emmerich: über hundert Yachten aller Größen, in der Flaute zu Klumpen geballt, mit teils backstehenden Segeln – mal Heck, mal Bug voran. So drifteten sie mitten im mit 3 bis 4 Knoten zu Tal schießenden Strom zwischen Dutzenden schnellfahrender Lastkähne, Tanker, Fahrgastschiffe und Fähren unter den Kölner Brücken hindurch. Mann – ein richtiger Segel-Thriller war dieser Brükken-Slalom. Dracula auf dem Wasser. Blots dat nich!
„Nee“, sagte Gustaf, „denn könn’ wir ja gleich in Kiel bleiben“. Er rationierte Julchens Segeln auf zweimal wöchentlich. Frieda heftete einen Zettel ans Schwarze Brett der Uni: „Student gesucht für Mathe-Nachhilfe Oberstufe“. Und Julchen machte freiwillig Nachmittagssport mit, denn man konnte ja nie wissen, wozu das beim Abi gut war.
Merke: Die Schule hat nicht nur die Kräfte und Fertigkeiten zu wecken und zu üben, sondern auch die Gesinnung zu entwickeln. (F. E. D. Schleiermacher)

Tramontane

Friedas rheumageplagter Rücken hatte Gustaf und seine Lieben wieder mal in den sonnigen Süden verschlagen. Genauer gesagt: in den zwischen dem französischen Zentralmassiv und dem Mittelmeer gelegenen flachen Landstrich Languédoc mit seinen Seen und Flüssen.
Nach einer Woche Schipperei in der spröden Camargue hatten sie von Brackwasser, Sonne und Mücken genug. Gustaf hatte die ganze Zeit über den Duft des Mittelmeeres in der Nase gehabt und wollte jetzt endlich mal auf See. Er lief nach Sète zurück und fragte seinen Charterboß höflich und in schlechtem Französisch, ob er nicht mal über See von Sète die 35 Meilen nach Nouvelle marschieren dürfe. Monsieur Dupont hatte angesichts Gustafs prächtiger Führer-

scheinsammlung und der ruhigen Großwetterlage keine Bedenken. „Aber hüten Sie sich vor zwei Dingen: vor der Tramontane und vor Luft in der Leitung", sagte er, nachdem er vorsorglich eine Zusatzversicherung abgeschlossen hatte.
Gustaf sagte: „Wui Misjöh, aweck plesier!" und fuhr los. Flankiert von Fischkuttern und Marktfrauen quetschte er sich durch die Brücken und Schleusen von Sète. „Kann auch nichts passieren?" fragte Frieda. Gustaf schüttelte den Kopf: Quatsch! Der Wetteraushang an der *capitainerie* versprach gutes Wetter mit Winden aus NW 3 bis 4; der Tank war bis zu 2/3 voll – das reichte für zehn Stunden, und bis Nouvelle waren es nur sechs; unter Tramontane konnte er sich nichts Rechtes vorstellen, vielleicht 'ne Schnapssorte oder 'ne heiße Kneipe; na, und Luft in der Leitung hatte er noch nie gehabt – wie sollte die da auch reinkommen!
Draußen drehte er den Diesel auf und setzte – immer gut in Landsicht – den Kurs auf Cap d' Agde ab. Es blies ganz schön und war wohl doch mehr als 4 Windstärken. Der Wind kam dwars, und der dicke 8-Meter-Motorkahn schlingerte sich fast die Kolben aus den Zylindern. Frieda und Julchen zeigten Grün, wie immer, wenn es schaukelte. Ein Stützsegel müßte man haben, dachte Gustaf. Aber er hatte keins.
Gegen 12.00 Uhr hatten sie Cap d' Agde querab. Dahinter verbreiterte sich die Bucht auf 7 bis 8 sm. Mannomann, wat'n Seegang so dicht unter Land! Fast wie auf dem Stollergrund. Vorn boxte der Kahn sich in den Seen fest, und wenn das Heck sich hob, schlug mitunter die Schraube lenz. Aber um 17.00 Uhr sah man am Horizont durch den Glast der tiefergehenden Sonne die Kräne und Silos von Port-la-Nouvelle, dem Seehafen von Narbonne.
Da schnappte auf dem Buckel einer steilen See der Diesel plötzlich nach Luft. Ein kurzer Schnaufer nur, aber er genügte: der Diesel stand. „Is was?" fragte Frieda aus ihrer Koje. „Nö, nur 'ne kleine Störung", sagte Gustaf und kramte nervös im Schapp nach der Bedienungsanleitung für den Peugeot. Schiet, alles auf französisch. Von so'n büschen Luft konnte ein Motor doch nicht stehenbleiben. Oder doch? Dann mußte der Diesel entlüftet werden. Aber wie macht man das?
Während der Kahn, sich selbst überlassen, zwischen den Seen Samba tanzte, verfluchte Gustaf Urlaub, Seefahrt und französische Charterboote. Ihm kam nicht in den Sinn, daß der Wind, der ihn jetzt schnurstracks nach Algier blies, eine echte Tramontane war, zahm zwar, aber immerhin. Auch die Warnung des Vermieters vor „Luft in der Leitung" hatte er nicht bedacht. Nun war der Tank nur noch 1/4 voll, und gerade das genügte, um die Ansaugleitung im Seegang für einen winzigen Augenblick lenzschlagen zu lassen. Ein Fingerhut Luft nur in der Leitung, aber doch eine mittlere Katastrophe. Wat 'n Schiet!
Frieda hatte inzwischen gemerkt, was los war. „Schieß Rot", rief sie, „wir treiben nach Afrika ab!" Gustaf sah derweilen in seinem Wörterbuch nach, was „Entlüftung" hieß: *aérage*. So stand es auch im Bordbuch. Aber was sollte er mit *conduite de combustible* anfangen oder gar mit *tuyau d'injection*?

Auch *écrou* und *contre-écrou* sagten ihm ebensowenig wie *rondelle* und *garniture*. Gott sei Dank war eine Zeichnung dabei. Mit ihrer Hilfe, mehreren ausgeleierten Schraubenschlüsseln und viel Phantasie vollbrachte Gustaf in zwei Stunden die technische Wunderleistung des Jahrhunderts: Auf schaukelndem Nachen, das Gegacker seiner Hühner in den Ohren, die Hose voller Angst, entlüftete er die Dieselleitung. Korrekt nach Skizze – am Tank *(réservoir de combustible)* beginnend, über den Filter *(filtre à combustible)* bis hin zur Einspritzpumpe *(pompe d'injection)* sich vorarbeitend. Und er füllte in seinen Tank den Inhalt des Reserve-Dieselkanisters. Hätte er es doch nur früher getan!
Als er fertig war, war er fertig. Mit Jack und Büx. Aber er hatte Französisch gelernt. Und Leitungen entlüften. Und noch etwas: 1. Auch ablandige Winde können in Küstennähe starken Seegang verursachen. 2. Dieselmotoren soll man bei Seegang nur mit möglichst vollem Tank fahren. 3. Einmotorige Diesel-Motorboote ohne Hilfsbesegelung stellen auf See immer ein Risiko dar. 4. Bedienungs- und Wartungsanleitungen sind Quatsch, wenn man sie nicht lesen kann. Na, war das etwa nix?
Kurz vor Port-la-Nouvelle briste es auf 6 auf. Der Kahn stand Kopf, Julchen spuckte, und Frieda kniff die Lippen zusammen. Sie erreichten den Hafen mit einiger Mühe. Am Signalmast hing der Schietappel *(balle de mauvais temps* = allgemeine Windwarnung). Auf der *capitainerie* sagte man ihnen, seit Mittag sei Tramontane. „Natürellmang", sagte Gustaf und kriegte mit einmal Sehnsucht nach Schleimünde und dem Stollergrund.
Merke: *Ah, quel plaisir d'être marin!* („Ach, welche Lust, ein Seemann zu sein!" – Admiral Suffren)

Prominente segeln

„Hau ab aufs Wasser . . . !" schrieb eine große Illustrierte vor einigen Jahren in richtiger Erkenntnis des Trends. Die Prominenz las es nicht nur. Sie *tat* es.

Zuerst die Playboys des Hoch- und Bieradels. Dann die schwerarbeitende Musik-, Show- und Quizbranche. Dann die fitneßbedürftigen Politiker hoher und höchster Ränge – als Liberale zunächst noch mit bescheidenem Graf-Luckner-Kopfputz. Die Sozialisten taten es dann nur noch mit Prinz-Heinrich-Mütze, die ungemein besser schmückte und der Sache ein gewisses Image verlieh. Die Armen wußten ja nicht, daß es sich dabei nur um den schlichten „Elbsegler" handelte – Standessymbol der Lotsen auf der Unterelbe – und daß Prinz Heinrich dunnemals nur mit Lederschirm und Mützenkokarde mit goldgestickter Krone in See stach. Is ja auch egal, dachte Gustaf, Hauptsache, es wurde gesegelt.

Doch das hatte er etwas voreilig gedacht. Denn je höher die Masten der Prominenten in den Himmel ragten, je tiefer im Süden ihre Kiele smaragdene Fluten furchten, je güldener die ankerverzierten Knöpfe am Club-Blazer leuchteten, um so schädlicher wurde ihr Wassersport-Enthusiasmus für Gustaf, Heini und Fiete. Er bereicherte nämlich die Schipperei um eine ganz neue Variante: Das Segeln als Luxussport. Und anstatt die (sogenannte) Freiheit der Meere für Gustaf und seine Sippe (die sie mit ihren Methoden ja nie kennengelernt hatten) zu fördern, entdeckten Finanz-, Verkehrs- und Wirtschaftsminister, Kommunalbehörden, Wasserschutz, Schiffahrtsbehörden und nicht zuletzt die Industrie, daß da nicht etwa *gegeben* werden mußte, nein, daß da etwas zu *holen* war. Und nicht nur etwas, sondern 'ne ganze Menge.

Seitdem verdunkelte sich der Himmel über Gustafs Segelgründen: Der Fiskus wollte Preis, Herkunft und Zeitwert der SINDBAD wissen; Steuerschnüffler suchten in seiner Hosentasche nach der Rechnung für den (in Dänemark eingebauten) neuen Motor; der Zoll knauserte plötzlich mit der Freigabe von Diesel und Transitproviant; die Liegegelder explodierten, je mehr Häfen gebaut wurden; die Gesetze vermehrten sich wie die Karnickels in Friedas Gemüsegarten, und falls man mal aus Versehen gegen sie verstieß, stiegen die Geldstrafen ins Gigantische.

Das hat Gustaf nun davon, daß Minister segeln. Scheunen Schiet! Wär'n sie bloß an Land geblieben!

Bordmusik

Da hat doch jemand Gustaf neulich einen Banausen genannt. Und das ausgerechnet im idyllischen Dyvig am Alsen Fjord. Mitten zwischen all den anderen Leuten. Und nur, weil er den Jungs auf der neben ihm liegenden Flensburger Yacht ganz höflich und ruhig gesagt hat, sie sollten endlich ihr verdammtes Scheißradio abstellen, sonst träte er ihnen, verdammtnochmal, in den Mors. Aber die frechen Lümmels antworteten nur: „Aber, aber, Opa – wer wird denn so ein Kunstbanause sein! Wir sind eben alle radio-aktiv." Und sie ließen ihren Musikhydranten weitersprudeln, bis Gustaf die Ohren zufielen. „Schucker Bäbi Laaf – Schubidu, Schrumm, Schrumm . . ." so ging es den ganzen Nachmittag. Und dabei soll man nicht verrückt werden!

Gustaf als Banausen zu bezeichnen ist so, als würde man die Rennbahn von Ascot einen Pferdefriedhof nennen. Direkt beleidigend is dat! Wer je das Glück hatte, ihn auf seiner Quetschkommode so schöne alte Shanties wie „Shenandoah" oder „Reuben Ranzo" spielen zu hören, vielleicht sogar dazu noch lautstark unterstützt durch seinen überaus klangvollen Baß, wird das nie vergessen können. Denn nur wenn er wirklich sicher ist, daß man seine Bordmusik schätzt, läßt er einen auf der Orgel los.

Doch leider werden die Freunde solch urtümlicher Seemannslyrik immer seltener. Frieda sucht sowieso stets das Weite, wenn Gustaf sich künstlerisch stimuliert fühlt. Sie liebt Heino und Freddy und hält rein gar nichts von Gustafs Klabautermann-Folklore. Na, und Julchen, die behauptet dreist, der Skipper sei so unmusikalisch wie eine quietschende Gartentür. Dafür zapft sie aus ihrem Recorder von früh bis spät nichts anderes als die krächzenden Laute ihres Favoriten Bob Millan, dessen rostiger Kehle so unverständliche Sachen entweichen wie „Bäbi Pließ Stop Kreihink" und „Blohink In Ze Wint". Obgleich das noch geht, denn ihr anderer Typ, Niehl Diadem oder so ähnlich, der pfeift nur mit schriller Fistel wie ein Präriehund bei der Balz: „Honni Ei Wanna Kiß Ju". Und ein wildgewordener Chor von Mini-Punks brüllt stundenlang nichts als „Gimmi, Gimmi, Gimmi Jur Laaf!". Nee, Gustaf reicht das Gedudel an Land. Aufs Wasser gehört was Gediegeneres, etwas fürs Gemüt – eben Wassermusik.

Wollte Julchen doch ihren Recorder sogar mit auf die SINDBAD schleppen. „Wat?" hatte Gustaf da entsetzt protestiert, „Bucki Wucki an Bord? Davor sall mi God bewohrn!" Die Lütte hatte dann versucht, ihrem Erzeuger den Unterschied zwischen Pop, Rock und Pop-Rock zu verklaren. Aber Gustaf war bedient. Er hatte gerade in

der Zeitung gelesen, daß man 12jährige befragt hätte, was ihnen lieber sei: Papa oder ihr Recorder. Und da hatten sich 51 Prozent für die Musikmaschine entschieden. Mannomann! Julchen würde er lieber nicht danach fragen, aber das Gedudel kam jedenfalls nicht auf die SINDBAD.
Schlimm genug, wenn das junge Ding in solche Diskotheken ging, wo sie nichts als Dummheiten lernte. Sie hatte ja ihren Recorder! Was brauchte sie da in solch einen Musikschuppen zu laufen? Aber das Gör hatte nur geantwortet: „Also Vati, das verstehst du nicht. Oder haste jemals die royale Synthesizermusik der Bee Gees oder den Rock der Smokies mit gekoppelter Laser-Lichtorgel gehört? Dann weißte gar nicht, was *emotion* ist. Da biste einfach weg. Da schnallste glatt ab, Vati!"

Gustaf kennt keinen Smokierock, und was Synthesizermusik und Lichtorgeln sind, weiß er auch nicht. Ihm genügt es, wenn die Bord-Twens in stillen Häfen ihre Stereoanlagen mit Vollgas fahren und es aus jeder Ecke ihrer Kähne „Schrumm, Schrumm" orgelt. Hat ihm ein Elektrofachmann mal stolz erklärt, das wären hochkarätige Baßreflektoren mit breitwinkliger Exponential-Hochtonstrahlung – der Stolz eines jeden Musikliebhabers. Düwel ok, denkt Gustaf, wo soll dat blots hinführen. Zu Hause der pfeifende Präriehund und auf dem Wasser Baßreflektoren mit Hochtonstrahl.
Und er stellt seinen Quetschbüdel still in die Ecke und stopft sich Watte in die Lauscher. Doch noch im Schlaf hört er vom Nachbarschiff: „Wuleh Wuh Kuscheh Aveck Moa? Schrumm, Schrumm . . ."

Emanzipation

Gustaf grinst zufrieden. Er hat ja immer gesagt, Emanzipation ist Quatsch. Weiber an Bord bringen Unglück, das weiß doch jeder. Aber sie haben ihn besabbelt, er soll doch mal fortschrittlich denken! Frauen können die Fockschot genausogut dichtholen, besonders seitdem es diese modernen Winschen gibt. Und kochen können sie bestimmt besser, nur daß sie dazu mehr Töpfe brauchen als Gustaf, der alles mit seiner ollen Bratpfanne erledigt.
Also gut, hat Gustaf gesagt, segeln wir eben mit Frauen. Ging ja auch all die Jahre ganz leidlich mit Frieda in der Kombüse und Gustaf an der Pinne. Aber die Frauen wollten mehr: ans Ruder wollten sie, navigieren, ja – sogar Regatta segeln, das wollten sie. Wat'n Quatsch.

Ein paar ganz Verrückte schipperten sogar das Kapstadt-Rio-Rennen mit. Sechs Weiber solo, ohne Kerl. Die Emanzen in aller Welt juchzten vor Freude: Endlich befreit! Aber Gustaf sagte gleich „Quatsch“ und schüttelte den Kopf. Das konnte niemals gutgehen. Und richtig – dauernd hatten die Mädchen Knies an Bord, sogar der Wein wurde ihnen unterwegs sauer. Und Patrizia, die toskanische Köksch, verriet bei der Ankunft: Nie wieder auf See ohne Mann!

Na also! Hat Gustaf nicht recht behalten? Er hat das ja gleich gesagt. Und er beschließt, Frieda in Zukunft etwas kürzer an die Leine zu nehmen, von wegen der Emanzipation. So'n Bleudsinn! Man sieht ja, wo das hinführt.

Merke: Es lebe der kleine Unterschied! (Sprichwort)

Donnervögel

Gustaf trifft ihn draußen am Feuerschiff, den Mann mit seiner Atomschleuder. Sechzig Sachen mag der draufhaben. Sein Kahn hüpft von Welle zu Welle wie ein afrikanischer Springbock. Dabei stieben meterhohe Gischtwolken in die Höhe. Hei, welche Lust, motorisiert zu sein! Als er eine Ehrenrunde dreht und an Gustaf vorbeidonnert, sieht man auf dem Vorschiff ein Mädchen sitzen, vielleicht zehn Jahre jung, im Badedress, Beine außenbords, die Hände wie ein Klammeräffchen an das Relingsrohr gekrallt.

„Klasse, was?“ sagt Julchen. Gustaf spuckt über Bord und knurrt etwas Unverständliches, wie das so seine Art ist. Es klingt wie

„Mörder!"
Im Bootshafen trifft er den Springbock wieder. Auf dem Steg preit er ihn an: Ob er nicht ganz bei Trost ist, das Gör da vorne drauf, wat 'n Bleudsinn bei dem Seegang, und überhaupt . . .
„Das ist meine Galione", sagt der Bock und grinst.
Gustaf denkt nach; Gallone und Galeone kennt er. Auch 'ne Galionsfigur und 'ne Galiot. Aber „Galione"?
„Lesen Sie mal bei Leip nach", sagt der Mörder und verduftet.
Leip? Was ist das nun wieder? Gustaf fragt den Clubsekretär, der als gebildeter Mann sofort Bescheid weiß. Er holt ein Buch aus seiner Bücherei: Hans Leip, „Segelanweisung für eine Freundin", Seite 47. Dort steht es: *Galione = Allein am Bug . . . hinausgestreckt, umarmend den Klüverbaum . . . niedersinkend gegen den flimmernden Gischt, daraus Regenbögen abstoben über dein fliegendes Haar . . . warst du dem Auf und Ab, dem . . . zu Schaum Zerfliegenden der Wellen . . . zugetan.*
„Vollendet!" sagt der Sekretär, „fast schon klassisch!"
„Und *wie* heißt der?" fragt Gustaf.
„Leip, Hans Leip."
„Nie gehört", sagt Gustaf. So was kann dieser Leip doch niemals ernst gemeint haben. Aber man sieht ja, wo solche Lektüre hinführt. *Galione* – wat'n Quatsch! Diese Dichter!
Tags darauf liest er in der Zeitung von dem Vater mit den drei Kindern, den vor Schönberg, 300 Meter von der Küste entfernt, „eine hohe Welle mitsamt den Kindern aus seinem schnellen Motorboot schleuderte". Zwei Kinder wurden geborgen. Er selbst wurde beim Versuch, den elfjährigen Sohn zu retten – einen Nichtschwimmer ohne Rettungsweste –, von seinem eigenen Boot überfahren, das führerlos durch die Brandung zackte. Vater und Sohn ertranken dabei.
Gustaf meint, bei dieser Summierung seemännischer Untugenden war das Unglück geradezu programmiert. Trotzdem bedauert er es zutiefst. Er weiß nicht, ob es der gleiche Skipper ist wie am Vortag. Aber er hätte ihn zu gern gefragt, von welchem Dichter er diesmal seine Anregung für solch maritime Spitzenleistung holte. War es Uhlands: „Nur frisch die Segel ausgespannt; Gott läßt den rechten Wind schon wehen"? Oder Schillers Fiesco: „Ich bin gewohnt, daß das Meer aufhorcht, wenn ich rede"? Wahrscheinlich aber stand Lessings Minna von Barnhelm Pate: „Hu, was sind das für Männer!"

Hoch und trocken

Gustaf schippert friedlich zwischen friesischen Kühen und Windmühlen auf einem dieser schwimmenden holländischen Wasserpantoffeln, deren Namen er sich nie merken kann. Sie tragen alle die Schnauze hoch aufgekimmt aus dem Wasser – der Himmel mag wissen, weshalb. In Deutschland haben so was nur die Landungsboote der Flußpioniere.

Der Graben, der sich südlich vom Sneeker Meer durch die Auen schlängelt, ist schmal und hat nur 80 Zentimeter Wassertiefe. Was Wunder, daß der eiserne Pantoffel wie ein Lämmerschwanz giert und einen Schwell hinter sich herzieht, der das Ried zum Tanzen bringt und die Wasserratten aus ihren Löchern purzeln läßt.

„Hach, wie romantisch", sagt Frieda und reicht Gustaf eine Mug mit heißem Kaffee, „wo sind wir eigentlich?"

Der Skipper angelt sich die Karte vom Tisch, um es ihr zu zeigen. Die Kaffeemug in der Rechten, die Karte in der Linken – so steuert er den Pott mit dem Knie. Er hätte dies nicht tun sollen.

Während er nur einen Moment nicht aufs Ruder achtet, weil er den Graben auf der Karte sucht, passiert es urplötzlich: Der Pantoffel schert aus, streift das linke Ufer, bekommt von dort einen Backs, der ihn nach rechts knufft, und – rumms – schiebt sich der flache Bug hoch hinauf auf den morastigen Wiesenrand. Sozusagen hoch und trocken.

„Aua!" schreit der Skipper, denn der heiße Kaffee hat ihm die Flosse verbrüht.

„Wie konnte das passieren?" fragt Frieda drohend. Es klingt so, als habe sie Gustaf in flagranti mit ihrer Frisöse ertappt.

„Kein Problem", sagt Gustaf, „wie rauf, so runter." Und er springt vom Vorschiff auf die Wiese, wo er alsbald bis zu den Knien im Modder versackt. Er hebt, schiebt und drückt den breiten, stumpfen Bug, bis ihm die Adern auf der Stirn zu Bleistiftstärke anschwellen. Aber nichts rührt sich – die drei Tonnen Stahl haben sich wie eine fette Henne auf der Wiese niedergelassen.

„Hilfe, wir versaufen!" schreit Frieda, die entdeckt hat, daß durch den weggetauchten Ruderkoker Wasser ins Schiff läuft. Gustaf kratzt sich am Kinn. Mann in de Tünn – nu ischa woll allens in Dutt! Wie soll er hier bloß wegkommen? Weit und breit kein Schiff in Sicht; zudem scheint es fraglich, ob man ihn hier überhaupt abbergen kann, denn er liegt quer und versperrt die Durchfahrt des Grabens, der nicht breiter ist als sein Schiff lang. Und nirgendwo was zum Anpacken – alles Glitsch und Modder, und dann die versengte Pfote. Teufel auch, was für ein Zustand!

Doch verzage nicht, du Häuflein klein. Gustaf hat eine Idee: Er steckt 50 Meter Leine an den Danforth. Dann nimmt er den Anker auf die Schulter und springt ins Wasser. Er überquert den flachen Graben und tritt den

Anker auf der jenseitigen Wiese fest in den Grund, schlägt zur Sicherheit noch zwei Wiesenhaken vor die Flunken und klettert zurück auf den Kahn. Dann holt er die Leine übers Ankerspill steif, während Frieda achtern auf und ab wippen muß. So würgt er den Dampfer zurück ins Wasser. Dann holt er sein Geschirr ein und trinkt seinen kaltgewordenen Kaffee aus.
Frieda weiß nicht, ob sie den Skipper bewundern oder anmotzen soll. Immerhin hat er den Kahn ja auf Strand gedonnert. Schließlich sagt sie säuerlich: „Und wo ›Gustafs Ruh'‹ nun auf der Karte liegt, hast du mir immer noch nicht gezeigt!"
Damit verschwindet sie in der Kombüse, während Gustaf traurig vor sich hin schweigt. Wer kann eines einsamen Skippers Gefühle schon verstehen? ›Gustafs Ruh'‹ – welche Gemeinheit!

Weltumsegler

Gustaf meint, jeder Mensch muß das Recht haben, auf seine Weise glücklich zu werden. –*Suum cuique*, wie schon der olle Fritz oder jemand anders sagte.
Nur ist Gustaf noch nicht dahintergekommen, was die Leute unter „Glück" verstehen. Zum Beispiel die Weltumsegler. Ob nun solo, zu zweit oder als flotter Dreier – eigentlich schimpfen sie nur über das, was sie einst hinauszog.
Gustaf hat sie alle im Schrank. Die Tassen? Quatsch, die auch. Nee, natürlich die Bücher über die „Wanderer zwischen den Kontinenten", die Stories der Weltenbummler – der gemächlichen und manchmal auch so eiligen Globetrotter. Die einen nennen es ein Hundeleben, andere lassen sich hinterher scheiden, dritte springen aus dem Fenster. Selbst einer Koryphäe wie Moitessier sagt der Küstenklatsch nach, ihm sei die Jagd nach der nassen Glückseligkeit nicht gut bekommen. Manche opferten ihr Vermögen und starben schon vor der Abreise. Andere verschollen unterwegs, strandeten, wurden ausgeplündert, entgingen mit Mühe der Barbarei. Aber um die Welt gesegelt wird trotzdem.
Gustaf meint: wie Ahasver. (Das war der, der Jesus auf dem Weg nach Golgatha vor seinem Haus die Rast verweigerte und der darum ewig wandern muß.) So treibt die Unrast sie von Hafen zu Hafen. Dort liegen

sie dann herum, atmen den Gestank fremder Küsten, warten auf den Passat, scheuen den Monsun, fürchten Taifune. Ärgern sich über verdreckte Häfen, miese Behandlung, hohe Preise und werden zudem noch oft als Vagabunden betrachtet. Sie freuen sich auf den nächsten Hafen. Und sind froh, wenn sie ihn wieder verlassen können.

Denn: auf Madeira kriegen selbst die Schweine Rheuma; die Antillen sind auch nicht mehr das Paradies von einst; über die Bahamas jagen die Hurricanes; auf den Galapagos darf man nicht mehr landen; auf Christmas Island qualmen die Phosphatfabriken gelben Dreck in die Luft, und von den Keeling-Inseln wird man gar verjagt. Es kommen zuviele, um Paradiese zu suchen, die keine mehr sind. Freiheit – *for sale*.

Sie kriegen Fieber, Brechdurchfall (Montezumas Rache), Zahnschmerzen und zermalmen sich ihr Fußgelenk in der Ankerwinsch. Aber sie segeln! Obwohl es eigentlich immer die gleiche Clique ist, die, den Zugstraßen über die Weltmeere folgend, sich von Hafen zu Hafen wieder trifft. Azoren – Karibik – Tahiti – Sydney – Durban – man sieht dieselben Gesichter auf derselben Route. Man kennt ihre Geschichten in- und auswendig. Man kriegt plötzlich Sehnsucht nach grünen Wiesen, Kieferduft, Ännchen von Tharau und Behördendeutsch.

Befreit durch das Meer? Viele bezweifeln es. Das weltumsegelnde Ehepaar Koch sagte in seinem Buch „Hundeleben in Herrlichkeit“ dazu: „Zertrümmert durch das Meer.“ Die müßten es eigentlich wissen.

Gustaf meint, Fehmarn ist auch ganz schön. Insel ist schließlich Insel. Und man spart den Panamakanal.

Geld stinkt

Wenn Gustaf bei Robert Lembkes Beruferaten die typische Handbewegung eines Seglers machen müßte, wäre es diese: Geldbörse auf, Geldbörse zu – auf, zu – auf, zu. Ehrlich, immer wenn er seine SINDBAD sieht, muß er an Geld denken. An Geld, das er nicht hat, natürlich. Und das stinkt ihm gewaltig, denn SINDBAD ist weiblichen Geschlechts und braucht demzufolge dauernd neue Klamotten – mal 'ne Fock, mal ein Ende Schot, mal was Modisches. Doch in Gustafs Kasse ist immer Ebbe. Auch bei Flut. Wie kann der Volksmund nur behaupten, daß Geld *nicht* stinkt. Quatsch, natürlich stinkt es!

Jetzt steht Gustaf mal wieder traurig auf dem Steg vor der SINDBAD und zählt seine Piepen: Es reicht nicht! Und dabei brauchte SINDBAD so notwendig eine neue Persenning. Scheunen Schiet! Wenn es stimmt, was der Dichter Stendhal einmal recht giftig gesagt hat, nämlich: „Das bequemste Mittel, einer Versuchung Herr zu werden, ist, ihr nachzugeben“, dann hat er damit bestimmt

Gustaf gemeint. Der kämpft dauernd mit solchen Versuchungen. Aber leider ist im Leben wie beim Segeln (hier besonders!) alles falsch eingerichtet.
Solange man jung ist und segeln *möchte, kann* man nicht, weil die Zeit und das Geld fehlen. Doch wenn die Haare grau werden, der Kahn endlich bezahlt und fertig ausgerüstet ist und ewiger Dauerurlaub winkt, dann naht das große Zipperlein des Leibes und der Seele. Dann wird es zappenduster auf dem Wasser. Und der dickste Kahn und der längste Dauerurlaub sind plötzlich keine Versuchung mehr. Dann wird höchstens noch mit dem Finger auf dem Papier gesegelt und der Pillenschrank geplündert.
Deshalb braucht Gustaf die Knete *jetzt*. Und nicht morgen oder in drei oder 30 Jahren. Doch wie das so ist im Leben (und beim Segeln) – die Wirklichkeit ist hart und schmeckt bitter. Zudem sind die Kosten während der letzten Jahre vom Wasser in den Himmel geklettert. Daß Autofahrer dies- und jenseits der Landesgrenzen abgekocht werden, ist vielleicht noch gerecht – verstänkern diese Burschen doch den Seglern die schöne Küstenluft. Aber daß die *Segler* – ausgerechnet sie, die Stillen, Umweltfreundlichen – gerupft werden wie Suppenhühner, macht Gustaf echt fünsch. Vor zwei Jahrzehnten, als er im Monat 900 Mark brutto verdiente, betrug SINDBADS Liegegeld im Sommer fünf Mark und im Winter vier Mark pro Monat. Das waren rund 0,5 Prozent seines Einkommens. Eine Jahresgästekarte in Strande kostete fünf Mark – Ehrenwort! – Gustaf hat die Quittung aufbewahrt.
Und heute? Da verdient er das Dreifache, zahlt aber an Hafengebühren und Winterlager das Zwanzigfache, wohlgemerkt für das gleiche Schiff am gleichen Steg. Nichts hat sich dort seither verändert, außer den Kosten. Nur das Clubhaus hat eine eischfeine Bar bekommen und ein Büro mit einem eloquenten Geschäftsführer. Aber dafür ist der Jahresbeitrag von (einst) 25 Mark auf 250 Mark gestiegen.
Muscha woll, meint Gustaf, aber 'n büschen weniger Buhei tät's auch. Wenn es nach ihm ginge, genügten – quasi als Urzelle eines Vereins – ein Pfahl zum Anbinden, eine Wellblechbude als Bierquelle, ein Mastenschuppen und ein Schleppdach für den Winter. Aber es geht nicht nach ihm. Die Urzelle hypertrophierte zu einer wuchernden Geschwulst. Und Gustafs typische Handbewegung wurde die eingangs erwähnte. Schade.
Merke: Wenn die Zeit kommt, in der man könnte, endet die Zeit, in der man kann. (M. v. Ebner-Eschenbach)

Der letzte Mann . . .

Als Gustaf noch ein Knirps war, hing zu Hause in der guten Stube das Bild vom „letzten Mann“. Es stellte einen Matrosen dar, der während des ersten Weltkrieges mit seinem Kreuzer in einer Seeschlacht gekentert war, sich aber mitsamt der Flagge als einziger auf den knapp aus dem Wasser ragenden Schiffskiel retten konnte.
Da stand er nun, der Letzte, bis zum Nabel im Teich, furchtlos dem Tod ins Auge blikkend, die schwarz-weiß-rote Kriegsflagge der Kaiserlichen Marine in der hocherhobenen Seemannsfaust – ein Sinnbild trutziger Auflehnung gegen die Ungerechtigkeiten des Schicksals. Gott strafe Albion!
Gustaf hatte immer ein schlechtes Gewissen, wenn er das Bild betrachtete. Warum kam denn niemand – Admiral Graf Koks, Prinz Heinrich oder der Kaiser selbst – zu Hilfe und rettete den armen Mann?
Gustaf wußte nicht, daß der Mann mit der Flagge gar nicht gerettet werden wollte, denn er stellte eine Symbolfigur dar, und eine Rettung hätte die ganze Symbolik versaut. Gustaf hat das mit der Symbolik bis heute nicht kapiert. Deshalb will er immer wieder retten – Hunde, Kinder, Freunde – und fällt dabei meistens auf den Bauch: Die Hunde beißen ihn, die Kinder schreien, und die Freunde lachen ihn aus.
Sichtet er doch neulich erst wieder vor Schilksee eine umgeschmissene Jolle. Im

Südwest 5 driftet sie rasch seewärts. Gustaf sagt zu Frieda: „Nix wie hin, Olsch! Mach die Schleppleine klar!“
Auf halbem Weg sehen sie, daß nur ein Mann beim Boot ist. Er steht auf dem Schwert, aber offenbar ist er zu leicht, um den Kahn aufzurichten. Gustaf birgt sein Großsegel und wirft den Jockel an. Er dreht

eine Ehrenrunde vor der Unfallstelle und preit den Havaristen an: „Wahrschau die Leine. Ich schlepp dich ab!“
Und er schmeißt ihm die Wurfleine rüber, damit der Bursche die daran befestigte Schlepptrosse übernehmen und an der Jolle vertäuen kann. Er will ihn dann an Bord nehmen und die Jolle ganz gemütlich nach Schilksee einschleppen. So wie sich das gehört. Gustaf meint es wirklich gut. Doch da macht es „Boiiing“, und Gustaf kriegt einen trockenen Karateschlag ins Genick: Der Jollenmann hat ihm seinen Tampen zurückgeworfen, und der harte Wurfknoten traf genau Gustafs Döz. Dazu tönt es vom treibenden Wrack: „Lot mi tofreden, Mann, ick dreih mien Damper alleen üm.“ Gustaf ist baff. Also da hört sich doch alles auf. Wo er doch nur helfen wollte. So ein verdammter Kreefsack! „Dann versauf meinetwegen!“ ruft er barsch zurück. Und er macht die Zeisinge los, damit Frieda das Groß vorheißen kann. Doch da tönt es wieder von der Jolle herüber – in feinstem Möltenorter Bühnendeutsch: „Pedd di man nich op ’n Slips, Opa! Und Tschüs ok, grött mi de Heimot!“
Gustaf beschließt endgültig, sich in Zukunft nur noch der Familie zu widmen. Arme Frieda, armes Julchen!
Merke: Der Mensch liebt seine Retter nicht – er nimmt ihnen ihre Überlegenheit übel. (Hans Fallada)

Herrschaft der Frauen

Wenn auf der SINDBAD Gustaf der *Kopf* ist und Frieda der *Hals*, der den Kopf dreht, dann ist Julchen eine von den kleinen grauen *Gehirnzellen*, die dem Hals sagen, wohin er den Kopf drehen soll.
In der Praxis sieht das so aus: Der Kopf (Gustaf) will zur Nacht in Korshavn auf der kleinen Insel Avernakö im Svendborg Sund anbinden. Warum? Weil man da schön ruhig liegt (jedenfalls bei Südwest) und kein einziger Laden die Mädchen animiert, sein (!) Geld auszugeben. So denkt der Kopf. Aber den Hals (Frieda) zieht es mehr 2 sm nordwärts ins niedliche Städtchen Faaborg, denn dort gibt es just alles das, wonach ihre empfindsame Frauenseele dürstet – Läden, Menschen, Shopping, also lauter Gründe, sich wieder mal ein richtiges Kleid anzuziehen und sich ein bißchen anzuhübschen. Doch da meldet sich die kleine graue Zelle (Julchen). Die bestimmt kategorisch: Dyreborg! Das liegt in der Mitte, und dort kann man im flachen Wasser herrliche große Taschenkrebse fangen. Und bei Is-Ole am Ha-

fen gibt es das feinste Flöde-Eis von ganz Dänemark.
Nun überlegt mal, wo die SINDBAD anlegen wird? Erraten! Julchen hat ihr Eis in Dyreborg bekommen; Frieda kann von dort aus bequem nach Faaborg hinüberschauen und sich freuen, daß sie das Umziehen spart; na, und der Skipper erblickt mit dem Kieker fern im Süden den Wald von Korshavn, was fast so gut ist wie dort zu liegen. Also alle zufrieden?
Nee! Frieda findet sich zur Not noch damit ab, daß die Göre mit List und Zielstrebigkeit mal wieder ihren Willen durchgesetzt hat. Solidarität der Frauen! Aber der Skipper! Dem stinkt das Regiment seiner Weibsen gewaltig. Die reinste Emanzen-Oligarchie! Welcher Idiot hat bloß gesagt, die Welt sei eine Männerwelt, von Männern gemacht und von Männern regiert? Quatsch! Gustaf hat nur zwei Frauen an Bord, aber zwei Frauen sind schon zuviel für einen Mann. Er fühlt sich von ihnen förmlich umzingelt. Und sein einziger Trost ist Otje, der auf seinem Kahn außer seiner Trina und zwei Töchtern auch noch die Schwiegermama über die Meere schleifen muß. Armer Otje! Doch mal ehrlich – Gustaf ist auch nicht zu beneiden.
Früher war das alles einfacher. Aber Julchen hat sich mit den Jahren zu einem steilen Segelzahn entwickelt, der dem Vater dauernd in die Navigation quatscht, mit roten Ohren in Friedas Illustrierten schmökert und längst weiß, daß Gruppensex nichts mit der Mengenlehre zu tun hat. Neuerdings nennt Julchen den Skipper „Oldie", weiß beim Segeln alles besser, und aus ist es mit der Autorität. Logo, daß solches dem Skipper stinkt.
Tjä, und mit Frieda läuft auch längst nicht mehr alles rund. Als sie heirateten, war sie eine resche Person, die in Gustafs Blut das Testosteron brausen ließ. Und sie liebte ihren Skipper so wie er war. Aber es dauerte nicht lange, da wollte sie typisch nach Frauenart alles an ihm bessern. Und das blieb so bis heute. Gustaf hat sich schon so daran gewöhnt, daß er sich immer entschuldigt, wenn er beim Streiten mal im Recht ist. *Wenn*! Aber wann kommt das schon vor? Er hält überhaupt nicht mehr viel vom Streiten. Wozu auch? *Der Klügere gibt nach, sagte der Igel zum Autoreifen.* Das wußten schon die alten Römer. Und auch Gustaf hat mit den Jahren zu erkennen gelernt, was die Eierköpfe so treffend „die normative Kraft des Faktischen" nennen: Er freut sich, daß er der Kopf sein darf, und er benimmt sich auch entsprechend (Julchen nennt es „Imponiergehabe"). Er duldet, daß sein Hals ihn ungefragt dreht und wendet. Und er versucht zu vergessen, daß da oben in seinem Zentralhirn eine kleine arrogante, herrschsüchtige, weibliche Minizelle sitzt, die ihn nach Dyreborg (und wer weiß, wohin noch) dirigiert, auch wenn er dort gar nicht hin will.
Merke: Ein edler Mann wird durch ein gutes Wort der Frauen weit geführt. (Goethe, Iphigenie)

Odysseus' Fluch

Gustafs Mißtrauen gegenüber allem Kleingedruckten ist sprichwörtlich. Besonders Reiseprospekte haben für ihn höchstens den Aussagewert von Wahlreden. Seit ein bekanntes Reiseunternehmen ihn und Frieda mal nach Lloret de Mar in ein Hotel „mit herrlichem Seeblick" verschaukelte, das genau zwischen einer Großbaustelle und einer Autoschnellstraße eingeklemmt lag, faßt er Touristikprospekte nur noch mit spitzen Fingern an.

Trotzdem macht es ihm Spaß, die hübschen Bilder anzusehen, wenn er sich den Begleittext wegdenkt. Denn – ehrlich – wen freuen nicht romantische Sonnenuntergänge in der Karibik oder verschneite Waldeinsamkeit vor dem Piz Palü? Und erst die Angebote für Wassertouristik! Lieber Herr Gesangverein! – Was gibt es da für tolle Fotos! Segeln ist „in"! Aktiv-Urlaub nennen sie das: Yachten in jeder Größe und Preislage in allen Teilen der Welt. Und alles natürlich ohne Führerschein; Hauptsache, die Piepen stimmen. In solchen Fällen studiert Gustaf auch den Text. Und wundert sich baß, wenn er auf buntem Glanzpapier im Prospekt eines Spezialveranstalters für Seereisen folgendes liest:

Eine neue Idee für Ihren Urlaub: Als Skipper in einer Flottille segeln! Mit Familie oder Freunden eine 9-m-Segelyacht vom Typ Tiger 27' (113 qm Segelfläche!) in Korfu chartern und als eigener Skipper die Inselwelt Ioniens kennenlernen. Im Verband mit anderen Yachten von Ankerplatz zu Ankerplatz segeln, begleitet von einem Lotsenboot mit erfahrener Mannschaft. Eigener Segelschein nicht erforderlich, aber „versierter Jollensegler", der bereits einige Erfahrungen im Segeln sammeln konnte und seiner Crew die nötigen Handgriffe des Segel-Einmaleins beibringen kann.

Gustafs Phantasie wird durch solche Texte unheimlich stimuliert: Was mögen das für Schiffe sein? Sind sie nun 9 Meter (= 30 Fuß) oder 27' (= 8,10 m) lang? An wieviel Masten mögen die 113 qm Segel aufgehängt sein? Was ist eine Flottille? Und was bedeutet, „. . . einige Erfahrung im Segeln"? – Visionen kommen ihm wie diese: Geschwadersegeln (wie bei der Marine) nach dem Motto „Alles hört auf mein Kommando!" – Vaurien-Kapitäne bringen sich selbst (und ihrer Crew) autodidaktisch das Hochseesegeln auf Dickschiffen bei. – Während achttägiger Totenflaute übt das Geschwader unter Aufsicht des Lotsenbootes Flaschengreifen. Plötzlich kommt Wind auf – vor stürmisch auffrischendem Schirokko kurvt die Flottille (oder was immer damit gemeint ist) in Kiellinie durch die Riffs des Ionischen Meeres, um den schützenden Hafen zu erreichen.

Doch da läuft Boot 7 in einer brechenden See

aus dem Ruder. Das Großsegel schlägt back, denn der Baum wird durch den Bullenstander in Luv festgehalten. Eine See wäscht ins Cockpit. Was nun? Auf dem Steinhuder Meer war das doch alles viel einfacher. – Der Skipper schießt Rot.

Boot 6 hat die Bö kommen sehen und den Vorholer losgeworfen. Doch der Rudergänger dreht durch und macht eine Patenthalse. Beim Übergehen des Baumes fegen die 113 qm Leinwand die Kapitäneuse über Bord. – Der Lotsenkommandeur an der Tête luvt an, um zu sehen, was sich da achtern abspielt. Indessen haben die Boote 2 und 3 die schützenden Molen erreicht. Doch, oweh, die Jücht steht vierkant in den kleinen Hafen hinein. Die Brecher waschen über die Molen; an der Hafenpier tanzen die vertäuten Yachten Polka. Nr. 3 hat das Groß geborgen und den Anker geworfen. Nun schwojt sie achteraus auf die Pier zu. Scheiße! Die Kette ist kürzer, als man dachte. Es fehlen zehn Meter. Moses Fritzchen jumpt mit einer Leine außenbords, um schwimmend eine Verbindung zum Land herzustellen. Mist! – Den Skipper packt die Sehnsucht nach seinem Wannsee.

Nr. 2 ist nur noch 30 Meter von der Pier entfernt. Die Crew versucht, vor dem Wind die Segel runterzuzerren. Aber das Groß hakt, wie es das bei solchen Gelegenheiten immer tut. Der Skipper ist platt: Auf seiner Jolle

ging das doch spielend. Er legt hart Ruder und zackt mit knallenden Plünnen im Hafen hin und her, während die Crew versucht, sich der Segel zu entledigen. – Hilfe, wo bleibt der Lotsenkommandeur!
Der ist draußen bei Nr. 6, wo gerade die über Bord gegangene Olsch geborgen wird. Nr. 4 und 5 haben vor der Einfahrt beigedreht. Sie trauen sich in dem engen Hafen eine Legerwall-Landung nicht zu. Außerdem scheint die Pier voll belegt.
Wahrlich, fast eine apokalyptische Vision, dieser Aktivurlaub im Flottillenverband. Gustaf denkt dabei zärtlich an seine SINDBAD, an Frieda auf dem Vorschiff und an sein geliebtes Schleimünde. Dann schiebt er den bunten Reiseprospekt zur Seite.
Merke: Gedrucktes muscha nich immer stimmen. (Überlieferter Ausspruch des Odysseus)

Fußball für Segler

Gustaf muß mal wieder mit seinem Chef nach Frankfurt fahren. Zur Messe. Mit dem Auto. Aber sonnabends sind sie zurück, hat der Alte gesagt. Ein Glück, dann ist wenigstens das Wochenende auf der SINDBAD gerettet.
Der Chef sitzt nebenbei auch im Vorstand des FC Möwe. Zwar nur Regionalliga, aber dort Tabellenführer mit großen Aufstiegschancen. Die halbe Firma besteht aus ehemaligen, derzeitigen und zukünftigen Kickern. Wenn die Möwen gewonnen haben, kann man mit dem Alten über Gehaltszulage reden. Aber wehe, wenn es in die Hose ging. Dann brüllt er nur: „Herr Freese, ich habe Sie nicht als Libero eingestellt, sondern als Reisenden. Bitte entscheiden Sie sich für das eine oder andere. Aber etwas plötzlich!" – Gustaf berührt das nicht. Er ist ja nur Segler. Keine Gehaltserhöhungen, aber auch keine Anschisse. Er ist sozusagen ein Fremdkörper in der Fußballfirma.
Wenn er mit dem Alten im Auto unterwegs ist, muß er immer mächtig aufpassen, daß er ihn bei guter Laune hält. Auf dem Hinweg quasselt der Boß meistens übers Geschäft und zurück über Fußball. Gustaf sagt „jawoll" und denkt dabei ans Segeln.
In Frankfurt erledigen sie beide ihr Pensum nach Plan. Freitag abend sind sie fertig. Gustaf möchte gleich zurück nach Kiel. Ihn juckt das Wochenende. Doch der Alte will erst frühmorgens starten. Um 7 Uhr soll es losgehen. Gustaf rechnet: Drei Stunden bis

Kassel, vier bis Hamburg, anderthalb bis Kiel, das wird knapp, aber wenn alles klappt, kann er um 15 Uhr an Bord sein.
Gegen 7 Uhr fahren sie los. Gustaf döst bis Kassel. Dann quatscht der Alte endlos über die Messe. Danach ist Fußball dran: Immer diese blöden Fehlpässe von Harry, und das Zusammenspiel mit dem neuen Rechtsaußen ist Scheiße. – Ja, das findet Gustaf auch und kuckt auf die Uhr. Es kann klappen.
Maschen querab – da kommt schon Harburg. Mensch, warum ist der Kerl denn nicht zum Elbtunnel abgebogen? – „Chef", ruft er, „der Elbtunnel!" – „Nee", sagt der Alte, „15 Uhr 30 Rothenbaumchaussee. Da steigt unser Freundschaftsspiel gegen die 2. HSV-Mannschaft. Alles prima Leute, aber wir schaffen sie spielend!" – Und er fährt durch den Freihafen nach Hamburg rein. Im Alsterkeller würgen sie ein Gummisteak runter, parken den Mercedes in einer Nebenstraße und stehen Punkt 15 Uhr vor der HSV-Kasse. Allerhand los da.
Der Alte stellt sich bei Kasse 3 an, Gustaf bei Nr. 2. Wer zuerst dran ist, soll die Hand heben. Aber Gustaf ist noch keine zwei Plätze vorgerückt, da kommt der Boß schon mit zwei Karten angewedelt. Wie der das bloß immer schafft! Er strahlt am ganzen Körper, nimmt Gustaf beim Arm und schleift ihn durch die Sperre. Gustaf könnte bersten vor Wut: Zu Hause hockt Frieda auf den gepackten Segelklamotten, und er holt sich hier die Flöhe.
Das Stadion ist proppenvoll. Sie haben nur

noch Stehplätze gekriegt. Im Gewühl ruft der Alte ihm zu: „Nach Spielschluß Treffpunkt bei Kasse 2!" Dann verlieren sie sich aus den Augen. Gustaf steht so weit achtern, daß er nicht erkennen kann, welche Spieler die eigenen sind. Ist ihm auch schietegal, wo der Nachmittag im Eimer ist. Zudem fängt's an zu regnen. Schirme werden aufgespannt und versperren ihm die Sicht vollends. Von rechts und links tröpfelt Nässe in seinen Kragen.

Fünf Minuten später ist er wieder draußen. Nee, wat toveel is, is toveel. Er kauft sich am Kiosk die neueste YACHT und geht ins Café gegenüber. Dort sitzt er bei einem Bier und interessanter Lektüre seine zwei Stunden im Trockenen ab. Als der Schlußlärm aufbrandet, geht er zum Treffpunkt bei Kasse 2. Unterwegs fragt er schnell, wie es ausgegangen ist. 2:1, okeh.

Und da steht auch schon der Boß. „Tolles Spiel, was?" – „Ja", sagt Gustaf, „toll, 2:1." – „Mann", sagt der Chef, „als der Emil gegen die Latte köpfte, glaubte ich schon, alles wäre gelaufen. Aber dann, der Otje, wie der die 5. Ecke schoß und das Leder dem Bruno genau vor die Füße servierte, das war Klasse. Und dann der Fallrückzieher von Bernd!!" – „Ja", sagt Gustaf, „darum haben sie ja auch gewonnen." – „Was?" fragt der Alte, „wer hat gewonnen?" – Gustaf überlegt rasch und kriegt dabei einen roten Kopf: Wer kann nur gewonnen haben? Danach hat er gar nicht gefragt. „Na, wir natürlich!" sagt er dreist und fühlt instinktiv, daß diese Antwort falsch ist.

Der Chef sieht ihn von der Seite an. „Wo haben Sie eigentlich gestanden?" fragt er. „Ich habe Sie überhaupt nicht gesehen." – „Och, da achtern", sagt Gustaf und schiebt die YACHT verstohlen in die Tasche. – „Und das da", fragt der Chef und zeigt auf die Tasche, „wo haben Sie das her? Und naß sind Sie auch nicht. Da stimmt doch was nicht. Sie haben sich doch nicht etwa gedrückt?" – „Gedrückt nicht", sagt Gustaf, „es war mehr so eine Art Fallrückzieher". – „Mann" knurrt der Chef böse, „und sowas lebt von meinem Geld!"

Auf dem Weg nach Kiel erzählt Gustaf ihm von seiner SINDBAD und was die Segelei für ihn bedeutet. Der Chef schweigt. – Hoffentlich schmeißt er mich nicht raus, denkt Gustaf, dem plötzlich klar wird, welche Welten sie voneinander trennen.

Als sie am Sonntag abend von Strande nach Hause schippern, erwartet sie der Chef am Yachthafen. Er stört mächtig beim Festmachen und Aufklaren, aber Gustaf bittet ihn doch an Bord. Der Alte sieht sich schweigend an Deck um. Dann klettert er mit eingezogenem Döz den Niedergang runter und klemmt seinen Bauch hinter die Back. Nachdem er sich die Birne kräftig am Decksbalken gestoßen hat, kriegt er einen Schnaps. Er sieht sich unter Deck alles an und schüttelt verständnislos den Kopf. „Und dies", sagt er, „soll also der Ort sein, wo Sie sich wohlfühlen . . ." – Man merkt, daß es keineswegs als Kompliment gemeint ist. Und Gustaf sieht bang in seine Zukunft.

Der Reigen

Gustaf liebt das Segeln über alles, aber er weiß nicht, warum das so ist. Andere scheinen es auch nicht zu wissen. Heute, an einem regnerischen Tag, hat er mit vier Leuten im Club gesprochen. Interessant, was die so erzählen:

Der Skipper: Mann, am liebsten tät ich meinen Kahn verkaufen! Das miese Wetter, die Kosten, die Rezession, das Finanzamt, der neue Spinnaker, die letzte Beitragserhöhung – und dann die dauernde Bettelei. Ich besuche deshalb schon seit langem keine Veranstaltungen mehr. Läßt man sich mal wo blicken, gleich wollen die was von einem. Meistens Moneten! Gibst du was, sind se futsch – gibst du nix, ist die Freundschaft im Eimer. Zum Dank stopft der Hafenwart alles mit neuen Schiffen voll, um noch mehr Geld zu kassieren. Man kann sich kaum noch rühren. Am besten bleibt man dauernd im Hafen liegen. Höchstens, wenn die Sonne scheint, mal ein kurzer Schlag auf der Förde (die Stunde statistisch belegt zu 150 DM). Nachmittags regnet's sowieso. Nee – die vom Vorstand haben es besser: kein eigenes Boot, keinen Ärger und immer die duften Vorstandsessen. Segeln ist Quatsch! Ehrlich – im Vorstand müßte man sein und mal regieren.

Das Vorstandsmitglied: Es ist zum Auswachsen! Da habe ich mir schön was auf den Leib gerissen! Keine freie Stunde mehr: Regattaausschuß, Etatbesprechung, Verbandstagung, Hauptversammlung, Führerscheinprüfung, Satzungsänderungen, Liegeplatzverteilung, Vorstandssitzung, Jugendgruppe, Winterlager, Nachrichtenblatt. Arbeit von früh bis spät, und alles ehrenamtlich. Schön doof! Freiwillige Helfer? Wer denn? Nee, nur Gemecker! Meine Familie kriege ich vor lauter Repräsentationspflichten überhaupt nicht mehr zu sehen. Und einen Beruf habe ich schließlich auch noch. Ich habe es jetzt echt satt. Zum Frühjahr lege ich mein Amt nieder. Endlich will ich mal in Ruhe auf der Clubterrasse mein Bierchen trinken wie unsere Inaktiven. Ja, die haben's gut!

Der Verandasegler: Bißchen teuer die Mitgliedschaft, aber zum Glück kann ich das als Spesen absetzen. Irgendwo muß man ja schließlich drin sein, und auf der Clubterrasse sitzt man bei schönem Wetter ganz gut. Bloß ziehen tut es da mächtig. Versammlungen besuche ich nicht. Keine Zeit. Beitragserhöhung? Ohne mich! Wofür denn? Ich muß ohnehin alles bezahlen, was die Aktiven kaputtmachen und habe nichts umsonst. Soll man doch Umlagen von denen erheben, die die Kosten verursachen – vor allem die Regattasegler. Nein, Vereinsmeierei liegt mir nicht. Winterlager? Nicht mein Bier: Jeder muß sehen, wo er bleibt! Meine Garage schenkt mir ja auch niemand. Das

Nachrichtenblatt? Sollte man ruhig eingehen lassen. Kostet bloß Geld. Aber es gibt ja immer Leute, die sich betätigen müssen. Das sieht man am Vorstand. Der taugt überhaupt nichts. Früher klappte das viel besser. Den besten Job hat der Clubbootsmann: dickes Gehalt, überall Freibier und den ganzen Tag frische Luft. Mit *dem* würde ich gern tauschen.

Der Clubbootsmann: Mann in de Tünn, wat'n Tostand! Besonders mit den Gästeyachten. Dabei lasse ich nicht jeden in den Clubhafen rein. Ich kenne meine Pappenheimer genau – wer nicht spurt, den schicke ich fix nach Schilksee weiter. Wo doch hier alles voll ist! Oder . . .? Natürlich gibt's auch feine Leute darunter – wirklich nobel und großzügig. Besonders die Ausländer. Die kriegen selbstverständlich einen Brückenplatz. Mit Stromanschluß. Und ihre Nationale am Clubmast. Man muß ja Mensch bleiben. Ich möchte bloß mal wissen, was die Leute aufs Wasser treibt. Und dafür geben sie obendrein so viel Geld aus. Na, mir soll's recht sein – den een sien Uhl is den annern sien Nachtigall. Am schlimmsten ist der Juli. Da packe ich sie übereinander. Man muß ja helfen, wo man kann. Vorausgesetzt, daß so was auch anerkannt wird. Ich wundere mich manchmal selbst, wie ich das schaffe. Gott sei Dank habe ich die Ruhe weg. Was? Telefon? Was heißt hier „Telefon"? Ich bin jetzt nicht da, das seht ihr doch! Ja, Skipper müßte man sein. Und sich immer gut von unsereins bedienen lassen.

*

So schließt sich der Reigen. Jeder möchte der andere sein, denn das was man selbst hat und tut, ist aus einem geheimnisvollen Grund immer nicht das richtige. Gustaf schüttelt den Kopf. Merkwürdig, alle schimpfen, aber gesegelt wird doch (oder trotzdem). Wie nannte Ludwig Dinklage das? „Vom Wasser nicht wegzuprügeln."